Hans Klein
Sie trinken jetzt nicht mehr, aber ...

Was für den „nassen" Alkoholiker gilt,
nämlich ihn loszulassen,
gilt genauso für den „trockenen" Alkoholiker.
Denn nur durch Loslassen kann er sich zu
einer selbständigen Persönlichkeit entwickeln,
die zur echten Partnerschaft fähig ist.
Durch Loslassen gewinnen beide,
der Alkoholiker und sein Partner.

Hans Klein

Sie trinken jetzt nicht mehr, aber ...

Beratungsgespräche mit
Angehörigen von ehemals
Alkoholabhängigen

Blaukreuz-Verlag Wuppertal
Blaukreuz-Verlag Bern

Der Verfasser Hans Klein, Jahrgang 1936, ist als Diakon seit 1961 im sozialen Bereich tätig. Sechs Jahre arbeitete er mit Nichtseßhaften in Stuttgart, seit 1969 ist er beim Diakonischen Werk der Pfalz in der Alkoholambulanz in Landau beschäftigt und seit 1971 Mitglied des Blauen Kreuzes in Deutschland. Durch aktive Mitarbeit im Freundeskreis und in der Landauer Blaukreuz-Gruppe gewann er gründlichen Einblick in die gesamte Suchtproblematik.

CIP-Titelaufnahme der Deutschen Bibliothek

Sie trinken jetzt nicht mehr, aber ... : Beratungsgespräche mit Angehörigen von ehemaligen Alkoholabhängigen / Hans Klein.
– 2. Aufl. – Wuppertal : Blaukreuz-Verl. ; Bern : Blaukreuz-Verl., 1990
  ISBN 3-89175-064-1 (Wuppertal)
  ISBN 3-85580-271-8 (Bern)
NE: Klein, Hans [Hrsg.]

© 1987 by Blaukreuz-Verlag Wuppertal, 2. Auflage 1990
Umschlaggestaltung: Eberhard Platte
Fotosatz: Blaukreuz-Verlag Wuppertal
Druck und Herstellung: St.-Johannis-Druckerei, Lahr

ISBN 3 89175 064 1 Blaukreuz-Verlag Wuppertal
ISBN 3 85580 271 8 Blaukreuz-Verlag Bern

Inhalt

Vorwort

Die hier vorgelegten Gespräche verstehen sich als eine Fortsetzung der *Beratungsgespräche mit Angehörigen von Alkoholkranken.*

Handelt es sich dort um Gespräche mit Angehörigen, deren Partner noch trinkt, so geht es in den hier vorliegenden Gesprächen um den Angehörigen, dessen alkoholkranker Partner trocken geworden ist, der inzwischen alkoholabstinent lebt. Die Meinung, jetzt keine Hilfe mehr zu brauchen, ist ein großer Irrtum. Die Praxis beweist das Gegenteil. Oft sind Angehörige in der Zeit danach genauso hilflos wie vorher. Sie haben eine Menge Fragen und Probleme, mit denen sie fertig werden müssen, und für die sie oft keine Antwort wissen.

Für Angehörige, deren Partner trinken, gibt es eine ganze Reihe von Veröffentlichungen, die helfen wollen, mit der Situation besser fertig zu werden. Dagegen gibt es für Angehörige, deren Partner trocken geworden ist, kaum etwas. Die hier vorliegenden Gespräche wollen versuchen, diese Lücke auszufüllen und dem Angehörigen für die Zeit der Abstinenz Rat und Hilfe bieten.

Viele der hier dargestellten Gespräche, die echten Gesprächen nachempfunden sind, streifen den Bereich der Therapie. Das läßt sich manchmal nicht vermeiden. Im großen und ganzen jedoch wollen sie Beratungsgespräche sein, die erste Hilfe geben. Doch wollen sie auch dazu einladen, über manche Probleme in therapeutischen Gesprächen weiter nachzudenken.

Da es sich im wesentlichen um Gesprächsausschnitte handelt, um die jeweilige Problematik deutlicher zu Tage treten zu lassen, sind Überschneidungen unvermeidlich. Dadurch und auch durch die Aneinanderreihung von oft gleichartigen Themenbereichen kann eine gewisse Monotonie entstehen, für die ich den Leser um Nachsicht bitten muß. Diese Monotonie wird vermieden, wenn man das Buch als Arbeitsbuch versteht, das nicht fortlaufend gelesen werden muß. Man kann jedes Gespräch, wenn man sich darin wiederfindet, für sich lesen. Die einzelnen Gespräche eigenen sich auch gut dazu, in Gruppen gelesen und besprochen zu werden. Ich hoffe, daß das Buch in diesem Sinne für viele zu einem hilfreichen Arbeitsmittel wird, das hilft, bestehende Probleme besser sehen und bewältigen zu können.

Sie haben eine Ahnung –
jetzt geht erst alles los!

In einer Angehörigengruppe berichtet eine Frau, die erstmals dabei ist, von ihren Leiden während der Trinkzeit ihres Mannes und von den Schwierigkeiten, ihn zu einer stationären Therapie zu bewegen. Dann seufzt sie erleichtert auf:

„Aber nun ist er endlich fort, und nun ist alles gut, nun bin ich auch so weit wie Sie." Sie meint damit die anwesenden Frauen, von denen manche schon einige Jahre in der Gruppe sind. Einige Frauen blicken sich an, fangen zu lächeln an, bis eine sagt:

„Sie haben eine Ahnung, jetzt geht erst alles los!"

Die angeführte Frau konnte das gar nicht verstehen, was verständlich ist. Sie war erst einmal erleichtert darüber, daß die schwere Zeit vorbei war, in der ihr Mann trank. Sie war gerade erst dabei, sich von all dem zu erholen und wieder Hoffnung zu schöpfen, daß ihr Leben nun doch noch anders werden könnte. Das ist auch ihr gutes Recht.

Aber die Erleichterung darüber, daß der Partner endlich mit Trinken aufgehört hatte, daß er in eine Therapie ging, um sich helfen zu lassen, verführt auch leicht zu der Illusion, daß damit alle Probleme und Schwierigkeiten behoben seien. Schon mancher Angehörige ist nach der Rückkehr des nun trockenen Alkoholikers rauh auf den Boden der Tatsachen zurückgeholt worden.

Zu dieser Illusion trägt bei, daß im Laufe der Trinkzeit zunehmend mehr der Alkohol als die einzige Schwierigkeit gesehen wurde. Es war ja auch so leicht, ihm alle Unstimmigkeiten in der Ehe anzulasten. Daß in vielen Ehen Alkohol das Schmiermittel war, bestehende Schwierigkeiten zwischen den Partnern auszugleichen, wurde nur zu leicht übersehen. Doch alle Probleme, die schon vorher in einer Ehe da waren, soweit sie nicht tatsächlich nur durch das Trinken hervorgerufen wurden, sind in der Zeit der Abstinenz wieder da und wollen gelöst werden. Abstinenz ist lediglich eine Voraussetzung dafür, daß die Ehe neu geordnet werden kann, und ist

nicht eine automatische Erfolgsgarantie! Das haben die Angehörigen, die schon länger in der Gruppe waren, inzwischen erfahren
müssen, manchmal auch unter Schmerzen. Darum haben sie ge-
lächelt.

Diese Ausführungen sollen nun keineswegs die Freude darüber,
daß der Alkoholiker trocken geworden ist, dämpfen. Aber sie wollen zu mehr Nüchternheit verhelfen, auch beim Angehörigen. Denn
das Ende einer Euphorie ist gewöhnlich der Kater – ein Kater, der
umschlägt in Verbitterung und Vorwürfe, die das eben so hoff-
nungsvoll begonnene neue Zusammenleben bereits wieder vergiften
und erschweren können.

Der Neuanfang ist mit genügend echten Problemen behaftet, denen man sich mit aller Kraft zuwenden sollte. Dazu gehört auch,
daß der Alkoholiker, der nun trocken aus seiner Therapie zurückkommt, hoffentlich nicht mehr der gleiche ist, der er vorher war.
Wenn die Therapie genützt hat, dann hat er gelernt, sich zu verändern. Hat sich jemand durch Therapie verändert, ist der Umgang
mit ihm oft nicht mehr so leicht wie vorher. Er hat gelernt, sich
mehr durchzusetzen, nein zu sagen, wo er etwas nicht möchte, und
auch zu streiten. Und nun sind es keine alkoholbedingten Argumente mehr, über die man sich zwar aufgeregt hat, die man aber
nicht ernst nahm. Jetzt muß man sich mit dem Akoholiker selbst
und dem, was er sagt, wirklich auseinandersetzen. Er läßt sich nicht
mehr wie ein Kind behandeln und beschwichtigen, sondern ist wieder zu einer Persönlichkeit geworden, wenn dieser Prozeß auch
noch nicht abgeschlossen ist.

Gerade auch diese Tatsache, daß der Alkoholiker erst zu sich finden muß und er vieles, was er in der Therapie erkannt und gelernt
hat, noch nicht so perfekt kann, bringt Unruhe in das Zusammenleben. Er macht sicher noch manches falsch. Das ist unvermeidlich.
Seine Neuorientierung braucht Zeit. Durch all dieses neue Verhalten wirkt er fremd, man muß sich erst wieder an ihn gewöhnen.

Auch übernimmt der Alkoholiker jetzt wieder Verantwortung in
der Ehe, was bedeutet, daß der Angehörige manchmal ihm inzwischen lieb gewordene Tätigkeiten wieder aufgeben muß. Denn die
zunehmende Unfähigkeit des immer mehr trinkenden Alkoholkranken war ja oft die Chance des Angehörigen, seine eigenen

Fähigkeiten zu entwickeln. Er wuchs in der Ehe so in eine führende und tragende Rolle hinein. Es ist nicht leicht, jetzt wieder zurückzutreten.

Noch ein letztes Problem mag die Schwierigkeiten, die in der Zeit danach auftreten können, verdeutlichen. Der Alkoholiker fängt an, angeregt durch seine Therapie, weiterzureifen und sich in seiner Persönlichkeit zu entwickeln. Der Angehörige, der den gleichen Anreiz nicht hatte, bleibt oft stehen und kommt im Laufe der Zeit nicht mehr mit. Die Folge ist ein immer größer werdendes Auseinanderleben.

Und all das, obwohl es doch jetzt, wie viele meinen, endlich gut werden müßte. Gut kann es werden, wenn man um die aufgezeigten Probleme weiß, man sich nicht in Illusionen wiegt und man auch als Angehöriger weiß, daß noch eine gehörige Wegstrecke zurückzulegen ist, bis man miteinander seine Ehe auf eine neue Basis gestellt hat, die tragfähig ist. Die Ehe kann wirklich glücklich und reicher als vorher werden. Aber das fällt einem nicht in den Schoß. Darum muß man sich – manchmal unter Schmerzen – mühen.

Trotzdem kann dies positiv erlebt werden. Die Frau eines Alkoholikers sagte einmal in der Gruppe: „Ich bin dankbar, daß ich an einen Alkoholiker geraten bin, denn das war auch meine Chance, innerlich zu wachsen und zu reifen." Doch dieser Prozeß braucht seine Zeit, die man sich auch lassen sollte. Es ist verständlich, daß viele Angehörige ungeduldig sind. Zu lange haben sie warten müssen, bis endlich die Trinkzeit zu Ende war. Aber trotz aller verständlicher Ungeduld läßt sich Wachstum nicht beschleunigen. Nur wer auch weiter die Geduld aufbringt, zu warten und mitzuwachsen, der hat die Hoffnung auf ein späteres harmonisches Miteinander.

Die folgenden Gespräche wollen die Probleme aufzeigen, die in der Zeit danach auftreten können. Sie wollen jedoch nicht nur aufzeigen, sondern auch dazu anregen, sich selber in Beratung zu begeben. Jetzt, wo der Partner abstinent lebt, sollte kein Angehöriger meinen, er habe kein Recht mehr, zu klagen und gar Hilfe in Anspruch zu nehmen – und sich deshalb davon abhalten lassen, das Notwendige zu tun.

In den Beratungsstellen und den Abstinenzgruppen kann jeder sachgerechte Hilfe finden. Wem die Beratung nicht genügt, der kann in einer Therapie, die auch Angehörigen angeboten wird, längere Zeit an seinen Problemen arbeiten. Am besten wäre, das bereits in der Zeit zu tun, in der der Alkoholiker noch in seiner Therapie ist. Das kann den Übergang in den Neuanfang wesentlich erleichtern. Wenn die hier vorgestellten Gespräche dazu führen, haben sie ihren Zweck erfüllt.

War ich zu hart zu ihm, als ich von ihm verlangte, in die Klinik zu gehen?

„... Sie wissen ja, daß mein Mann zur Therapie weg ist, und nun frage ich mich doch, ob das überhaupt notwendig war."

„Daß er in Therapie ging?"

„Das nicht, aber daß er in die Fachklinik ging. Ich sehe ja nun in der Gruppe, daß es auch welche gibt, die nicht fort waren, die es allein mit der Gruppe geschafft haben."

„Was stört Sie denn daran, daß er in der Klinik ist? Haben Sie schon Sehnsucht nach Ihrem Mann?"

„O nein, das nicht. Ich bin gerade froh, daß er fort ist, und ich endlich zur Ruhe komme. Aber trotzdem ... Ich mache mir halt Gedanken, ob ich nicht zu hart zu ihm war, als ich verlangt habe, daß er in die Klinik geht. Wenn ich ihn nicht so gedrängt hätte, hätte er es vielleicht auch so geschafft. Wissen Sie, ich habe das Gefühl, daß ich ihn fortgeschafft habe. Das Schlimme dabei ist, daß alle unsere Freunde mir das auch vorwerfen. Die sagen, daß das doch nicht notwendig gewesen wäre."

„Und Ihr Mann? Wirft er Ihnen das auch vor?"

„Ehe er fortging, hat er ständig behauptet, ich wolle ihn bloß loshaben. Jetzt, seit er in der Klinik ist, sagt er nichts mehr."

„Na also, das ist doch die Hauptsache. Konnten Sie ihn denn schon besuchen?"

„Nein, bis jetzt haben wir nur miteinander telefoniert, aber nächste Woche ist Besuchswochenende, und da werde ich hinfahren. Ich weiß noch gar nicht, was ich machen soll ..."

„Was meinen Sie damit?"

„Es ist so, er hat mir gesagt, ich solle ihm Kopfschmerztabletten mitbringen, weil die ihm in der Klinik keine geben würden. Aber das ist doch nicht erlaubt, oder ...?"

„Ja, das ist richtig. Ihr Mann muß lernen, mit seinen Problemen klarzukommen, ohne Tabletten. Wenn es wirklich nötig wäre, würde er schon eine bekommen. Aber die Gefahr des Umsteigens ist sehr groß. Dann trinkt er zwar nicht mehr, aber dafür nimmt er Tabletten, und das wirkt sich unter Umständen noch schlimmer aus als Alkohol."

„Aber er sagt, daß er so oft Kopfschmerzen hat."

„Auch Kopfschmerzen kann man loswerden ohne Tabletten. Man muß nur lernen, sich zu entspannen. Ihr Mann soll ja lernen, ganz ohne Hilfsmittel, seien es nun Alkohol oder Tabletten, auszukommen. Nur so wird er wirklich von seiner Sucht frei."

„Ja, ich habe es mir gedacht. Aber er drängt halt so, und da habe ich mir gesagt, weil ich ihn fortgeschafft habe ..."

„... dann können Sie jetzt nicht nein sagen?"

„Ja, so ungefähr."

„Sie erweisen ihm damit keinen guten Dienst. So bleiben Sie Co-Alkoholiker."

„Sie meinen, daß ich ihn damit in seiner Sucht unterstütze?"

„Ja, genau. Sie sollten schon versuchen, Ihr Schuldgefühl anders loszuwerden."

„Aber wie?"

„Vielleicht kann ich Ihnen dabei helfen. Zunächst einmal haben Sie ihren Mann nicht fortgeschafft."

„Und warum meinen Sie das?"

„Ganz einfach: Wenn Ihr Mann nicht selber gespürt hätte, daß es besser für ihn ist, wenn er für ein halbes Jahr in die Fachklinik geht, dann wäre er nicht gegangen. Ich glaube, das hätte auch der Druck, den Sie ausgeübt haben, nicht bewirken können. Er hätte ganz sicher darauf bestanden, es zuerst einmal ambulant mit Hilfe der Abstinenzgruppe oder einer ambulanten Einzel- oder Gruppentherapie zu versuchen."

„Sie meinen also ..."

„Ja, ich meine das wirklich. Es ist Ihrem Mann zwar nicht leichtgefallen, aber er hat sich selber dafür entschieden, eine stationäre Therapie zu machen. Also stehen Sie nicht in seiner Schuld. Und dann kommt noch ein Weiteres hinzu: Sie haben ja selber festgestellt, daß es Ihnen guttut, daß er jetzt erst einmal fort ist."

„Das stimmt ja schon, aber ich habe trotzdem ein schlechtes Gefühl dabei. Ich schäme mich auch ein bißchen, daß ich mich darüber freue, daß er nun endlich fort ist."

14

„Im Grunde ehrt Sie das, daß Sie so denken. Aber es ist doch dringend notwendig, daß auch Sie und Ihre Kinder sich jetzt von dem Vergangenen erholen. Das ist doch wichtig. Und da ist es nur normal, wenn Sie jetzt aufatmen, nachdem der ganze Druck von Ihnen weg ist. Das hat nichts mit Verrat an Ihrem Mann zu tun, sondern ist eine ganz normale Reaktion auf die Erleichterung, die Sie jetzt verspüren."

„Sie meinen also, daß es normal ist, wenn ich so fühle?"

„Ja, genau. Zudem sind Sie damit nicht allein. Es geht anderen Frauen doch genauso. Zunächst einmal ist man einfach erleichtert, wenn der Mann fort ist. Mit der Zeit fängt er an, einem zu fehlen, und dann freut man sich darauf, daß er endlich wieder nach Hause kommt. Sie werden sehen, daß es Ihnen genauso geht. – Gerade dann, wenn die Trinkerei zu einer massiven Störung im Familienleben geführt hat, ist es wichtig, wenn der Alkoholkranke stationär behandelt wird und nicht ambulant. Das Auseinandergehen für die Zeit der Therapie kann für beide Teile sehr heilsam sein. Man kann sich erholen, man hat viel Zeit, um ungestört nachzudenken, Wunden können heilen. So kann man lernen, wieder neu aufeinander zuzugehen und einen Neuanfang zu machen. All das ist in dieser Weise ambulant nicht möglich. Gerade von daher gesehen ist es auch bei Ihrem Mann besser, daß er sich stationär behandeln läßt. Glauben Sie mir, es ist für Sie beide so leichter."

„Ja, wenn man es so sieht ..."

„Versuchen Sie doch einfach, es so zu sehen. Sie werden bestimmt merken, daß diese Trennung Ihnen beiden guttut und dazu verhilft herauszufinden, wieviel Sie einander noch bedeuten."

„Dann war es also doch nicht falsch, daß ich darauf bestanden habe, daß er fortgeht?"

„Ich habe den Eindruck, daß Sie schon beginnen, die Sache anders zu sehen. Darum will ich Ihnen gerne noch einen Hinweis geben. In der Regel kann man mit einer stationären Therapie viel mehr als ambulant erreichen. Die Therapiedichte ist gegenüber einer ambulanten Therapie viel größer. Und man hat Zeit für sich und ist frei von den Alltagsproblemen. Ambulant dauert alles viel länger. Seien Sie also froh. Ihr Mann hat schon das Richtige gemacht."

„Und was soll ich nun machen, ich meine, wegen der Kopf-schmerztabletten?"

„Sagen Sie Ihrem Mann in aller Liebe und ganz klar, daß Sie ihm helfen wollen, aber nicht, indem Sie Dinge tun, die nicht erlaubt sind und ihm letztlich auch nicht helfen. Sie können ihm ja sagen, daß es wichtig für ihn ist, daß er sich an die Therapieordnung hält. Wenn Sie festbleiben, wird er das auch einsehen."

„Ja, ich will es versuchen. Und vielen Dank. Ich glaube, ich sehe die Sache nun doch etwas anders."

Muß ich meine mühsam erarbeitete Freiheit wieder aufgeben?

„Da mein Mann nun bald aus der Therapie zurückkommt, habe ich gedacht, ich muß doch wieder einmal mit Ihnen reden. Ich habe nämlich ein Problem, mit dem ich nicht so ohne weiteres fertig werde. Sie wissen ja, daß ich von Zeit zu Zeit immer wieder so zwiespältige Gefühle habe. Als er in Therapie gehen mußte, da war ich einerseits froh, daß er endlich ging, andererseits habe ich gedacht, wie bringe ich bloß das halbe Jahr herum ohne ihn. Es ist doch eine lange Zeit. Aber die Erleichterung hat damals bei mir überwogen. Und nun ist die Zeit wie im Fluge herumgegangen. Ich war mehrmals bei meinem Mann in der Klinik, und ich freue mich, daß es ihm wieder so gut geht. Und ich glaube auch, daß er seine Sucht wirklich überwunden hat. Er macht einen ganz anderen Eindruck als früher. Er wirkt so gefestigt, so selbstsicher. Aber es ist komisch, das macht mir auch ein wenig angst. – Sie können das wohl nicht verstehen?"

„Noch nicht ganz."

„Ich versteh's ja manchmal selber nicht. Aber es ist eben so: Auch bei mir hat sich in diesem halben Jahr etwas geändert. Die Angehörigengruppe hat mir dabei viele Anregungen gegeben und mir sehr geholfen. Und schließlich blieb mir ja auch gar nichts anderes übrig. Ich meine, ich habe einfach viel mehr Freiheit gewonnen, seit er fort ist. Ich fahre jetzt dauernd selbst mit dem Auto. Solange er da war, gab es das nicht. Da mußte ich förmlich darum betteln, auch mal ans Steuer zu dürfen. Und dann mußte ich in dieser Zeit eine ganze Menge selbständige Entscheidungen treffen, ohne ihn vorher fragen zu können. Aber ich glaube, das Wichtigste dabei ist, daß ich zusammen mit den Kindern meine Freizeit ganz nach meinem Willen gestalten konnte. Früher ging immer alles nach dem Kopf meines Mannes. Er war auch immer gleich beleidigt, wenn ich mal was anderes wollte, und ich wußte ja, wie das wieder ausging. Er hat dann getrunken. Und so habe ich mit der Zeit halt immer nachgegeben. Es war nach so einer langen Zeit eine völlig neue Erfahrung für mich, wie es ist, auch einmal wieder selber zu bestimmen. Es ist eigentlich schön so."

„Und nun fragen Sie sich, ob das so bleiben wird, wenn Ihr Mann zurückkommt?"

„Ja, ich frage mich, ob ich meine Freiheit, die ich mir im letzten halben Jahr so mühsam erarbeitet habe, wieder aufgeben muß. Eigentlich sollte ich mich ja freuen, daß er bald wiederkommt, und im Grunde tue ich das auch. Aber trotzdem habe ich die Angst, daß er nun einfach wieder so bei uns zu Hause hereinbricht und wieder alles bestimmen will. Und dann muß ich wieder nur für ihn da sein, und wenn ich das einmal nicht bin, dann reagiert er sehr eifersüchtig."

„Ich denke, daß Ihre Angst zum Teil begründet ist, weil Sie ja eine Menge Vorerfahrung in dieser Richtung haben. Zum Teil stimmt sie aber auch nicht mehr. Sie haben selber gesagt, daß Ihr Mann sich geändert hat."

„Ja, aber ich befürchte, daß er, so selbstsicher wie er jetzt ist, seinen Willen noch besser als früher durchsetzen kann."

„Das mag sein. Aber so wie Sie Ihren Mann schildern, scheint er doch ein ganz schönes Stück nachgereift zu sein, ja, er scheint direkt erwachsen geworden zu sein."

„Aber das bin ich in dieser Zeit auch. Und ich will da auch nicht mehr zurück. Und da denke ich mir, daß es dann recht schwierig wird zwischen uns."

„Das glaube ich auch, daß es nicht einfach sein wird, wenn Sie nun lernen müssen, sich wieder aneinander zu gewöhnen. Einfach ist es in keinem Fall, wenn der Partner nach einer halbjährigen Therapie zurückkommt. Doch die Voraussetzungen sind bei Ihnen doch günstig. Ihr Mann wirkt jetzt erwachsen. Sie selber sagten es von sich auch. Dadurch wird es Ihnen auch möglich werden, daß Sie sich miteinander verständigen und Sie Kompromisse finden, die Sie beide bejahen können. Zum Streit kommt es doch zumeist nur darum, weil unbewußte kindliche Gefühle beim einen oder bei beiden da sind, was dann dazu führt, daß keiner nachgeben kann, jeder gleich beleidigt ist und jeder meint, seinen Kopf durchsetzen zu müssen. Wenn man als Erwachsener fühlt, ist man fähig, auch den anderen zu verstehen, auf ihn einzugehen und vor allem, den anderen als Partner anzuerkennen. Partner aber heißt immer, den anderen gleichberechtigt zu sehen. In einer Partnerschaft will keiner über den anderen herrschen, nützt keiner den anderen aus. Und wenn beide in ihrem Gefühlsbereich erwachsen geworden sind, sind sie zur Partnerschaft fähig."

„Ich weiß nicht, ob mein Mann schon so weit ist. Und dann weiß ich auch nicht, ob ich ihn schon so belasten kann. Ich möchte ja nicht, daß er wieder rückfällig wird."

„Ich glaube, es wäre das Schlechteste, wenn Sie aus Angst vor einem Rückfall wieder zurückstecken würden. Denn dann würden Sie sich wieder genauso wie vor seiner Therapie verhalten. Damals haben Sie nachgegeben, weil er sonst getrunken hätte. Im Prinzip würden Sie jetzt wieder das gleiche tun."

„Und wenn ich nicht nachgebe, dann kommt es zu Auseinandersetzungen, und dann bin ich nie sicher, ob er nicht wieder trinkt."

„Ich denke, daß Sie einfach zu viel Angst vor einem Rückfall haben. Sie sollten Ihrem Mann schon etwas zutrauen und auch zumuten. Ich denke schon, daß er inzwischen gelernt hat, damit umzugehen. Sie haben für sich doch etwas Wichtiges erarbeitet, nämlich Ihre Selbständigkeit, und es wäre einfach ein Jammer, wenn Sie diese wieder aufgeben würden. Ich glaube sogar, daß es Sie krank machen würde, wenn Sie das täten. Sie haben doch erreicht, was das Ziel alles Wachsens ist, nämlich erwachsen zu werden. Und bei Ihrem Mann scheint das ebenso der Fall zu sein. Also, was wollen Sie mehr? Natürlich wird es, wie schon gesagt, zu Anpassungsschwierigkeiten kommen, aber Sie werden sicher beide erleben, daß Sie damit auch umgehen können."

„Sie machen mir wieder Mut. Nun ist mir doch etwas leichter als vorher."

„Denken Sie doch auch daran, daß Sie, wenn Sie bei diesem neuen Verhalten bleiben, beide miteinander eine großartige Chance haben, Ihre Ehe ganz neu zu gestalten. Sicher, auch das braucht seine Zeit, aber auf dieser neuen Basis können Sie auch völlig Neues erleben. Schließlich ist es doch das Ziel aller Therapie, daß man sich verändert, daß man weiter reift und wächst. Ich glaube, daß Sie das beide sehr positiv erleben werden, und das hilft Ihnen dann auch dabei, mit den Anpassungsschwierigkeiten besser klarzukommen. Warten Sie nur ab. Wahrscheinlich kommt es ganz anders, nämlich viel positiver, als Sie jetzt noch befürchten."

Ist der Gruppenbesuch wirklich für uns beide so wichtig?

„Ich habe ein Problem. Sie wissen ja, daß mein Mann bald aus der Kur zurückkommt. Und nun hat er mir gesagt, daß er in eine Gruppe gehen will. Halten Sie es für sinnvoll, wenn ich da mitgehe?"

„Auf jeden Fall!"

„Ich weiß nur nicht, was mir das bringen soll. Schließlich ist es doch mein Mann, der die Gruppe braucht. Ist denn das überhaupt so wichtig, Gruppe?"

„Ich glaube, daß Gruppenanschluß überhaupt das Wichtigste ist, was es gibt."

„Das verstehe ich nicht. Schließlich war er doch in Kur, und einmal muß das doch vorüber sein."

„Das ist ein Irrtum, dem leider viele erliegen. Eine Kur ist nur ein Teil der Gesamtbehandlung. Nach einer Kur ist man noch lange nicht fähig, das Gelernte auch zu praktizieren. Ich kann Ihnen das an einem simplen Beispiel verdeutlichen. Wenn jemand, dem das Bein amputiert wurde, eine Prothese erhält, glauben Sie, daß er sofort gehen kann?"

„Nein, wahrscheinlich nicht."

„Und genauso verhält es sich mit dem Alkoholiker, der eine Kur gemacht hat, auch wenn sie sechs Monate dauerte. Er hat in dieser Kur durch die Therapie zwar viel gelernt, aber gehen kann er damit noch nicht sofort. Er muß erst einmal lernen, das alles umzusetzen und zu einem Bestandteil von sich werden zu lassen. Und das dauert seine Zeit."

„Und Sie meinen, daß ihn in dieser Zeit die Gruppe schützt?"

„Sogar noch mehr. Die Gruppe regt ihn erst richtig an, all das in der Therapie Gelernte zu entwickeln. Viele, die meinen, eine Gruppe nicht zu brauchen, bleiben stehen, anstatt sich weiterzuentwickeln. Wer in eine Abstinenzgruppe geht, ist viel weniger in dieser Gefahr. Er merkt immer wieder, wo es ihm noch fehlt, oder er wird von den anderen darauf aufmerksam gemacht. Er sieht die

anderen, die sich weiterentwickeln, und nimmt sich daran ein Beispiel. Und vor allem kommt er sich mit seiner Abstinenz nicht so
hoffnungslos allein vor. Es wirkt sehr entlastend, wenn man einer
Gemeinschaft angehört, in der Alkoholabstinenz selbstverständlich
ist. Ich kann Ihnen auch, wenn Sie das noch nicht überzeugt, stati-
stische Zahlen nennen. Alle Untersuchungen ergeben übereinstim-
mend, daß Alkoholiker, die regelmäßig eine Abstinenzgruppe
besuchen, eher abstinent bleiben als solche, die das nicht tun. Spä-
testens das sollte Sie davon überzeugen, daß der Anschluß an eine
Gruppe sehr wichtig ist. Gruppe ist immer noch das sicherste Mit-
tel, einen Rückfall zu verhindern."

„Gut, Sie haben mich überzeugt. Es wurde uns ja auch schon in
der Fachklinik gesagt, daß wir eine Gruppe aufsuchen sollen."

„Ich verstehe dann Ihre Bedenken nicht."

„Eigentlich habe ich auch keine Bedenken gegen eine Gruppe.
Ich meine bloß, daß man doch abgestempelt ist, wenn man in eine
solche Gruppe geht. Und dieser Gedanke ist mir sehr unangenehm."

„Ich glaube, Sie sehen auch hier etwas schlimmer, als es ist. In
der Regel wird aus den Gruppen nichts hinausgetragen, und wenn
Sie nicht darüber reden, weiß kaum jemand, daß Sie in solch eine
Gruppe gehen. Dazu kommt noch etwas, was ich Ihnen vorhin
noch nicht gesagt habe: Neben den Kontakten und Gruppengesprächen werden auch sehr viele alkoholfreie Geselligkeiten gepflegt.
Dabei lernt man ganz nebenbei, daß man alle Feste spielend auch
ohne Alkohol feiern kann. Was ich Ihnen damit jedoch sagen will
ist, daß durch die Gespräche und diese Geselligkeiten man sich sehr
schnell näherkommt und Freundschaften zu anderen Familien entstehen, so daß man den Gruppenbesuch sehr bald als einen Gang
zu Freunden empfindet, auf den man sich freut. Und dabei denkt
man dann gar nicht mehr daran, was das für eine Gruppe ist. Das
wird einem mit der Zeit auch egal, einfach, weil man sich in der
Gruppe wohlfühlt."

„Das mag ja alles stimmen, was Sie sagen, aber trotzdem, es ist
einfach ein unangenehmer Gedanke ..."

„Wäre es Ihnen angenehmer, wenn Ihr Mann wieder rückfällig
würde?"

„Um Himmels willen, nur das nicht!"

„Finden Sie es nicht auch seltsam, daß Sie Angst davor haben, Ihr Mann könnte wieder rückfällig werden, und Sie sich trotzdem sträuben, eine der besten Hilfen in Anspruch zu nehmen?"

„Ja, ich weiß, daß es seltsam ist ..."

„Könnte es sein, daß Ihre Bedenken von woanders kommen?"

„Was meinen Sie damit?"

„Ich habe den Verdacht, daß Sie sich schämen, mit einem Alkoholiker verheiratet zu sein und sich dazu auch noch öffentlich bekennen zu sollen ..."

„Wenn ich es geradeheraus sagen soll, dann stimmt das."

„Es ist also Ihre ureigenste Schwierigkeit, sich mit dem Gedanken anzufreunden, in eine Gruppe zu gehen?"

„Ja, ich glaube, das ist es."

„So widersinnig es klingt, aber darin liegt der Grund, warum gerade Sie in eine Gruppe gehen sollten. Denn das war ja eigentlich Ihre Ausgangsfrage."

„Ja, ich weiß. Ich verstehe nur Ihr Argument nicht."

„Ich will versuchen, es Ihnen zu verdeutlichen. Die Kränkung, mit einem Alkoholiker verheiratet zu sein, kann sehr schlimm sein. Wie wollen Sie damit fertig werden?"

„Ich weiß es noch nicht."

„Sehen Sie, Ihr Mann leidet unter der gleichen Kränkung, vielleicht noch mehr als Sie. Es ist auch sehr schwer, sich damit abzufinden und es bejahen zu können, Alkoholiker zu sein. Dies aber gerade ist der positive Effekt einer Gruppe, daß durch die Selbstverständlichkeit, mit der man hier Alkoholismus als Krankheit sieht, durch die Selbstverständlichkeit, mit der man darüber redet, und das Erleben, daß man damit nicht alleine dasteht, diese Wunde bei beiden mit der Zeit ausheilt. Ohne Gruppe kann es sein, daß Sie lebenslang mit diesem Makel herumlaufen oder ihn nur verdrängen, was dann dazu führt, daß Sie einen untergründigen Groll gegen Ihren Mann hegen, den er immer mal wieder zu spüren bekommt. Ob Ihre Ehe dadurch wieder harmonisch wird, ist ziemlich zweifelhaft. Im schlimmsten Fall kann das wieder einen Rückfall bei Ihrem Mann bewirken. Gerade dadurch, daß Sie mit zur

Gruppe gehen, haben Sie eine gute Chance, irgendwann damit fertig zu werden."

„Sie meinen also, daß es auch für mich gut ist, wenn ich mit meinem Mann zur Gruppe gehe?"

„Ja, wie ich Ihnen anfangs schon sagte. Ich will Ihnen gern noch mehr Begründungen dafür geben. Das, was ich Ihnen zunächst sage, klingt zwar banal, ist es aber nicht. Ihr Mann hat Ihnen gesagt, daß er in eine Gruppe gehen will, wenn er aus der Kur zurück ist?"

„Ja."

„Ich möchte Ihren Mann gar nicht in Zweifel ziehen, aber ich weiß aus Erfahrung, daß die Alkoholiker in der Klinik zu allem möglichen bereit sind und daß die meisten den Vorsatz haben, später in eine Gruppe zu gehen. Doch wenn sie dann zu Hause sind, tun sie es doch nicht."

„Und warum das?"

„Manche sind vielleicht einfach zu bequem. Andere wollen von Alkohol nichts mehr hören und haben einfach eine Zeitlang genug. Und vielen geht es wahrscheinlich genauso wie Ihnen. Da aber Gruppe, wie ich Ihnen gesagt habe, für jeden sehr wichtig ist, sollte man dringend versuchen, es gar nicht erst so weit kommen zu lassen. Denn – das ist auch eine Erfahrung – wenn einer nicht gleich in die Gruppe geht, ist er später kaum noch dazu zu bewegen. Und wenn er erst wieder rückfällig ist, kann es sein, daß ihm dann der Gruppenbesuch auch nicht mehr hilft, wieder trocken zu werden. Oft muß es dann zu einer neuen Behandlung kommen. Sie können dazu beitragen, daß es so weit gar nicht erst kommt."

„Und wie kann ich das Ihrer Meinung nach tun?"

„Ganz einfach, Sie können in die Gruppe gehen – möglichst schon, ehe Ihr Mann zurückkommt. Das ist die natürlichste Art und Weise, auch ihn dazu zu bewegen, mitzukommen. Und dann gibt es natürlich noch weitere Gründe. Glauben Sie nur nicht, daß damit, daß Ihr Mann nichts mehr trinkt, alle Probleme gelöst wären. Sie werden höchstwahrscheinlich erleben, daß jetzt viele Probleme erst beginnen. Auch eine abstinente Lebensweise hat so ihre Schwierigkeiten. Und mit wem wollen Sie dann darüber reden, zumal es Ihnen ja peinlich ist? Nur in einer Abstinenzgruppe finden Sie Ansprechpartner und Fachleute. Denn dort ist jeder mit dem

24

Problem vertraut, weil er es selber erlitten hat. Darum kann man offen miteinander reden, von den Erfahrungen der anderen profitieren, und das ist eine gewaltige Entlastung. Diese Möglichkeit finden Sie in dieser Weise sonst nirgends. Sie werden wahrscheinlich oft froh sein, sich mit anderen Angehörigen austauschen zu können. Und die anderen werden Ihnen oft auch helfen können, wenn Sie selber nicht mehr weiterwissen. Und Sie haben in den anderen Gruppenmitgliedern auch Unterstützung, wenn Ihr Mann einmal nicht einsichtig ist. Alles unschätzbare Hilfen auf dem Weg in eine zufriedene Nüchternheit."

„Sie haben recht. Ich glaube, ich gehe doch ..."

Ich habe den Eindruck, daß meine Frau jetzt mit der Gruppe geradezu verheiratet ist

„Ich dachte, ich muß doch einmal mit Ihnen sprechen, denn ich bin in letzter Zeit mit meiner Frau gar nicht mehr zufrieden. Ich weiß nicht, ob alles so richtig ist, wie sie es macht."

„Wieso? Was stimmt nicht?"

„Tja, das läßt sich auf einen kurzen Nenner bringen: Früher war sie dauernd besoffen und nicht mehr ansprechbar, und heute ist sie ständig in der Gruppe. Ich habe geradezu den Eindruck, daß sie jetzt mit der Gruppe verheiratet ist."

„Das heißt, Sie haben jetzt auch nichts von ihr?"

„Genau das ist es. Ich dachte eigentlich, daß ich sie, nachdem sie endlich aus der Kur zurück ist, wieder ganz für mich habe. Aber nein, dauernd ist sie weg, muß sie in die Gruppe, ist dort irgend etwas los, wo sie dabeisein muß. Ich weiß gar nicht, was es immer alles ist. Sie weiß immer etwas."

„Vernachlässigt sie denn den Haushalt?"

„Nein, das nicht. Sie hat wieder alles in Ordnung, ganz anders als früher. Sie ist überhaupt anders als früher. Sie lebt ihr Leben viel bewußter und macht auch etwas daraus. Man kann wieder vernünftig mit ihr reden und sich auf sie verlassen. Das ist ein Unterschied wie Tag und Nacht gegenüber der Zeit, wo sie noch getrunken hat. Das ist ja auch alles in Ordnung, und ich freue mich, daß sie es geschafft hat. Aber eben das mit der Gruppe, ich meine einfach, das ist zuviel. Ich bin ja auch noch da, und ich meine, sie könnte sich schon mehr um mich kümmern, nachdem die ganzen letzten Jahre nichts war. Und zudem weiß ich auch gar nicht, ob das so gut ist, wenn sie dauernd in die Gruppe geht. Sie macht sich doch von der Gruppe nur abhängig. Das ist doch nicht gut. Sie soll doch eigentlich lernen, unabhängig zu werden."

„Mit ihrer letzten Bemerkung haben Sie recht und auch nicht. Das mit der Unabhängigkeit stimmt schon. Aber so einfach ist es nicht. Nach aller Erfahrung braucht es drei bis fünf Jahre, bis sich jemand innerlich richtig umgestellt hat. Das heißt, daß man nach einer Therapie noch lange nicht fertig ist. Im Gegenteil: Jetzt fängt es erst richtig an. Jetzt muß man lernen, alles, was man in seiner Therapie gelernt hat, in die Praxis umzusetzen. Und da klappt lange nicht alles so, wie man möchte. Die alten Verhaltensweisen sind zäh. Und die Gefahr, in altes Verhalten zurückzufallen, ist groß. Darum kann einem in dieser Zeit die Gruppe zu einer enormen Hilfe werden. Vor allem habe ich nicht den Eindruck, daß die Gruppenmitglieder, die schon lange in der Gruppe sind, abhängig von der Gruppe sind. Es ist eher so, daß die Gruppe für einige zu einer Lebensgemeinschaft wird, in der sie ihre Freunde haben und darum ganz selbstverständlich ihre Geselligkeit dort pflegen."

„Aber das ist es doch gerade, was ich meine. Das ist doch nicht gut, wenn man dann nur noch die Gruppe hat, anstatt seine Kontakte wieder außerhalb der Gruppe zu suchen."

„Ich glaube, daß das zu einseitig gesehen ist. Soweit ich weiß, haben in unseren Gruppen fast alle auch außerhalb Kontakte. Aber es ist einfach eine Tatsache, daß in den Abstinenzgruppen ein offener Gesprächsstil gepflegt wird, der es einem erlaubt, ohne Angst von sich selber zu reden, und wo man das Gefühl hat, verstanden zu werden, was man in dieser Art sonst selten findet. Auch wird die alkoholfreie Geselligkeit sehr viel positiver erlebt als viele alkoholische Geselligkeiten. Was wundert es Sie, daß viele es vorziehen, ihre Freundschaften in der Gruppe zu suchen? Leute, denen die Gruppe nicht so viel gibt, oder die außerhalb genügend befriedigende Kontakte haben, verlassen in der Regel nach drei bis vier Jahren die Gruppe und kommen immer seltener. Und das ist doch so auch in Ordnung. Für sie hat die Gruppe in der ersten kritischen Zeit ihre Funktion erfüllt. Es gibt immer wieder aber auch Gruppenmitglieder, die begriffen haben, wie wichtig die Gruppe für sie selber war und die darum bereit sind, Gruppe ‚weiterzumachen', um dadurch anderen, die erst am Anfang sind, zu helfen."

„Ich glaube fast, zu denen gehört meine Frau auch, die wird immer aktiver."

„Ja, das ist richtig, ich weiß das."

„Sie finden das natürlich gut. Aber ich habe den Schaden davon. Ich habe weiterhin von meiner Frau nichts."

„Nun, ich müßte Sie anlügen, wenn ich bestreiten wollte, daß ich das gut finde. Ich freue mich immer, wenn ich sehe, daß sich jemand in der Gruppe engagiert. Denn ich weiß auch, daß das für den Betreffenden der beste Schutz vor einem Rückfall ist. Aber ungeachtet dessen ist es die freie Entscheidung Ihrer Frau. Niemand hat sie dazu gedrängt. Sie hat es offensichtlich für sich als gut empfunden und handelt nun danach."

„Ja, ich weiß. Ich kann sie da auch nicht umstimmen. Wir haben schon manchen Streit deswegen gehabt. Aber wenn es um die Gruppe geht, bleibt sie stur."

„Wie wäre es denn, wenn Sie mit Ihrer Frau zusammen in die Gruppe gingen? Dann wäre das ganze Problem doch gelöst, und Sie wären mehr mit ihr zusammen."

„Das geht nicht. Das geht bei mir geschäftlich nicht. Und wenn ich mal zu Hause bin, bin ich meistens so fertig, daß ich meine Ruhe brauche. Und zudem ist die Gruppe doch nur was für meine Frau. Die muß doch abstinent leben. Ich selber trinke nicht viel, aber ich sehe auch nicht ein, warum ich damit aufhören sollte."

„Nun, das eigene Alkoholtrinken ist sicher kein Grund, nicht in die Gruppe mitzukommen. Solange Sie nicht Mitglied im Blauen Kreuz werden wollen, ist das auch nicht erforderlich. Es genügt vollauf, wenn Sie nicht gerade vorher was getrunken haben, so daß man Ihre Fahne riecht. Aber das ist sicherlich leicht möglich. Es ist auch ein Irrtum, wenn Sie meinen, daß die Gruppe nicht auch für Sie hilfreich wäre. Ab und zu nehmen auch einmal Ehemänner von Alkoholikerinnen an der Gruppe teil und stellen fest, daß auch ihnen die Gruppe viel gibt. Leider geschieht das viel zu wenig. Alkoholikerinnen müssen sich viel mehr als Alkoholiker selber helfen. Ehefrauen von Alkoholikern sind ganz selbstverständlich in der Gruppe mit dabei. Und dadurch entsteht das Problem, das Sie schildern, gar nicht erst."

„Ja, ja, das mag schon stimmen. Aber ich habe wirklich kaum Zeit dazu."

„Ich will Sie ja nicht überreden. Aber Sie sagen selber, daß Ihre Frau inzwischen anders geworden ist und weiß, was sie will. Schon jetzt harmonieren Sie nicht mehr zusammen. Und wenn Ihre Frau sich durch die Gruppe weiterentwickelt und Sie selber nichts für sich tun, verstehen Sie sich bald immer weniger. Dabei wäre es so wichtig, daß nicht nur Ihre Frau sich weiterentwickelt, sondern daß Sie das ebenfalls tun. Durch den gemeinsamen Gruppenbesuch wäre das alles sicher viel leichter, und die Gefahr des Auseinanderlebens wäre nicht so groß. Das wäre doch auch ein Gewinn für Sie selber und ein Gewinn für Ihre Ehe."

„Aber es war doch meine Frau, die getrunken hat!"

„Ja, klar. Aber Ihre Frau hat doch nicht unabhängig von Ihnen getrunken. Eine Ehe ist doch ein Beziehungsgeflecht, wo einer den anderen beeinflußt. Das heißt, Ihre Frau hat ganz sicher auch deshalb getrunken, weil sie mit der Art, wie Sie miteinander gelebt haben und wie Sie miteinander umgegangen sind, nicht mehr klarkam. Und darum kann sie nicht einfach wieder in das alte Ehegefüge zurückkehren. Denn das hat sie unter anderem krank gemacht. Für Ihre Frau ist es lebensnotwendig, daß sie einen anderen Lebensstil findet."

„Damit verlangen Sie doch von mir, daß auch ich meinen Lebensstil ändere."

„Ich verlange von Ihnen gar nichts. Ich mache Sie nur mit den Tatsachen vertraut. Aber Ihre Reaktion zeigt, daß Sie begriffen haben, um was es geht. Wenn Ihnen Ihre Ehe wichtig ist, kommen auch Sie nicht darum herum, sich zusammen mit Ihrer Frau zu verändern. Denn wenn Ihre Frau sich nicht verändert und wieder das abhängige Hausmütterchen wird, können Sie darauf warten, daß sie irgendwann auch wieder trinkt."

„Na ja, dann soll sie halt in die Gruppe gehen, wenn das so wichtig für sie ist. Ich kann sie ja vielleicht mal begleiten. – Aber da ist noch was: Seit sie in der Gruppe ist, hat sie auch Freundschaften mit Männern, das kenne ich von früher gar nicht von ihr."

„Macht Ihnen das Kummer?"

„Kummer nicht direkt. Aber ich weiß nicht ..."

„Es ist schon richtig, daß in der Gruppe zwischen Alkoholikern und Alkoholikerinnen sehr herzliche und auch offene Kontakte bestehen. Das ergibt sich einfach aus der Nähe, die entsteht, wenn man offen über sich spricht."

„Ja, ich habe den Eindruck, daß sie sich mit denen in letzter Zeit viel besser versteht als mit mir."

„Ich kann gut verstehen, daß Sie das betroffen macht und das vielleicht auch Angst auslöst. Aber es ist einfach eine Tatsache, daß Alkoholiker sich untereinander gut verstehen, vielleicht, weil sie gleiches Leid mitgemacht haben. Sie werden letzten Endes nie so genau mitfühlen können, was in Ihrer Frau abgelaufen ist in der Zeit, in der sie getrunken hat."

„Ja, das kann ja alles stimmen. Aber mir geht das verloren. Wir reden in letzter Zeit nur noch sehr wenig miteinander."

„Nun, es tut mir leid, aber ich komme wieder auf den gleichen Punkt zu sprechen: Es ist einfach wichtig, daß Sie auch das Gruppenerleben mit Ihrer Frau teilen. Denn das fördert auch Ihr Verstehen und führt dazu, daß auch Sie wieder mehr und besser miteinander reden können."

„Fast haben Sie mich überzeugt."

„Und was das andere betrifft: Wenn Ihre Ehe stimmt und Sie fähig sind, offen miteinander zu reden, brauchen Sie keine Angst davor zu haben, daß Ihre Frau Ihnen untreu wird."

„Das will ich auch hoffen!"

„Im Gegenteil: Je unabhängiger Ihre Frau mit anderen Männern umgehen kann und je selbstbewußter sie dabei wird, desto mehr wird das auch Ihrer Ehe zugute kommen. Denn dadurch bekommen Sie eben nicht nur eine Frau, sondern eine selbstbewußte Lebenspartnerin. Allerdings eine, die immer mehr weiß, was sie will und was sie wert ist. Ihre Frau wird nicht mehr so bequem sein wie früher. Sie wird sich mehr durchsetzen. Denn das lernt sie eben auch im Umgang mit anderen Männern."

„Nun ja, davor habe ich weniger Angst. Ich denke schon, daß ich damit zurecht komme."

„Unangenehm ist nur, daß man sich da als Mann auch mehr anstrengen muß."

„Na ja, so schlimm wird es schon nicht werden. Im großen und ganzen kommen wir ja gut miteinander zurecht. Auf jeden Fall vielen Dank für dieses Gespräch. Ich sehe das Problem nun doch ein wenig anders."

Es stört mich, daß er sich mit den Alkoholikerinnen in der Gruppe so gut versteht

„... ich traue meinem Mann noch lange nicht über den Weg. Wenn ich den allein lasse, stellt der mir wieder alles mögliche an. Darum gehe ich auch regelmäßig mit in die Gruppe. Solange ich bei ihm bin, kann er nicht trinken. Das hat er nämlich früher auch nicht getan. Der hat immer heimlich getrunken, wenn ich es nicht gesehen habe."

„Ist das nicht ein bißchen anstrengend?"

„Das schon, aber das ist es mir wert."

„Glauben Sie denn, Sie könnten wirklich verhindern, daß Ihr Mann wieder trinkt? Ein Alkoholiker, der trinken will, weil er muß, kennt alle Tricks, wieder an Alkohol zu kommen. Ich glaube, da können Sie machen, was Sie wollen. Wenn Ihr Mann wieder trinken will, dann wird er es fertigbringen, und wenn Sie ihn noch so überwachen und überallhin begleiten!"

„Wenn er wenigstens eine Kur mitgemacht hätte, so wie die anderen. Dann würde ich ihm vielleicht mehr trauen. Aber er ist doch nur durch die Gruppe trocken geworden."

„Ich gebe Ihnen schon recht, daß er sich dadurch nicht so weit entwickelt hat wie die, die eine Therapie mitgemacht haben. Vielleicht ist er noch längere Zeit dadurch auch gefährdeter, wieder zu trinken. Aber letzten Endes ist das nicht ausschlaggebend. Wenn er wieder trinkt, dann zeigt das nur, daß Gruppe allein zu wenig für ihn war und es notwendig ist, daß er in eine Therapie geht. Wenn das der Fall sein sollte, können Sie es auf jeden Fall nicht verhindern. Ihr Mann kann nur trocken bleiben, wenn er lernt, selber dafür zu sorgen. Solange Sie Mutter für ihn spielen, kann er nie erwachsen und selbstverantwortlich werden. Es gehört ein Stück zum Krankheitsbild des Alkoholismus, daß der Alkoholkranke verantwortungslos lebt und sich um nichts anderes mehr kümmert als um sein Trinken."

„Da haben Sie ein wahres Wort gesprochen!"

„Wenn Sie aber wollen, daß das bei Ihrem Mann anders wird, dann müssen Sie endlich aufhören, ihn zu überwachen und zu kontrollieren, damit er das selber lernen kann. Durch Ihr Überwachen erreichen Sie doch nur das Gegenteil von dem, was Sie eigentlich wollen. Er geht doch jetzt regelmäßig in die Gruppe und ist schon einige Zeit trocken. Damit ist er doch auf dem besten Weg, anders zu werden."

„Das mit der Gruppe, das hat auch noch andere Gründe bei ihm."

„Ja?"

„Frauen!"

„Ich verstehe nicht ..."

„Ich möchte ja nichts Böses über die sagen, aber die Alkoholikerinnen in der Gruppe, mit denen versteht er sich sehr gut."

„Ah, jetzt verstehe ich. Aber was ist daran so schlimm? Das ist doch ganz natürlich, daß die Alkoholiker untereinander sich verstehen, auch die männlichen und die weiblichen. Schließlich haben sie die gleiche Krankheit und sind ja dazu in der Gruppe, um sich gegenseitig auszutauschen."

„Ich weiß nicht."

„Also sprechen wir es aus: Sie vermuten, daß die Alkoholikerinnen ihm auch sonst gefallen."

„Das vermute ich nicht, das weiß ich. Und die legen es doch darauf an. Ich habe schon mit vielen anderen Ehefrauen in der Gruppe gesprochen, die sind alle der gleichen Meinung. Das sieht man doch, wie die Alkoholikerinnen sich herrichten, und dann sind sie immer allein, die meisten sind ja auch geschieden. Ich will Ihnen das einmal sagen, was andere nicht offen auszusprechen wagen: Die sind doch nur auf Männerfang aus."

„Meinen Sie nicht, daß das eine sehr schwerwiegende Behauptung ist, die durch nichts bewiesen ist? Auch die Tatsache, daß andere Angehörige das meinen, beweist doch nichts. Ich kenne die meisten Alkoholikerinnen und weiß, daß die gar kein Interesse an Männern haben."

„Und warum putzen sie sich dann immer so heraus?"

„Können Sie denn nicht verstehen, daß Frauen, die lange getrunken haben und dabei oft wenig Wert auf Ihr Äußeres gelegt haben, jetzt wieder versuchen, hübsch auszusehen? Das ist doch ganz natürlich. Das muß doch noch lange nicht heißen, daß sie auf Männerfang ausgehen. Natürlich weiß ich, daß es immer mal wieder zu einer Partnerschaft zwischen zwei Alkoholikern kommt, aber da sind in der Regel beide allein. Es kommt auch schon mal vor, daß ein Alkoholiker, der noch verheiratet ist, mit einer alleinstehenden Alkoholikerin eine Beziehung eingeht, aber dann ist gewöhnlich die Ehe des Alkoholikers kaputt. Ich möchte da nicht Richter spielen. Ich persönlich bin schon der Meinung, daß man eine Ehe nicht brechen soll und daß Gott will, daß wir eine lebenslange Ehe führen."

„Ja, das ist auch meine Meinung."

„Aber es ist einfach Tatsache, daß manche aus ihrer Ehe ausbrechen und da sicher auch Schuld auf sich laden, wenn der verlassene Partner darunter zu leiden hat. Aber glücklich war eine solche Ehe schon vorher nicht mehr, sonst kommt es in der Regel zu so einem Verhalten nicht. Aber ich nehme an, daß es bei Ihnen nicht so ist. Oder gibt es Anzeichen dafür, daß Ihr Mann Ihnen untreu werden möchte?"

„Aber nein! Das auf keinen Fall. Da bin ich mir schon sicher. Das würde der nie tun."

„Aber es stört Sie, daß er sich mit den Akoholikerinnen in der Gruppe so gut versteht."

„Also, ich meine einfach, das müßte nicht sein."

„Es gibt also noch etwas anderes, was Sie stört."

„Ich mag das einfach nicht, und die anderen Angehörigen denken ja genauso."

„Sie fühlen sich unbehaglich dabei, und das hat doch sicher einen Grund."

„Wenn ich so nachdenke ... ich meine einfach ..."

„Jetzt fällt es Ihnen schwer, das auszusprechen, was Ihnen eingefallen ist."

„Ja, ich weiß. Es sind immer wieder meine Minderwertigkeitsgefühle anderen Frauen gegenüber."

„Sie haben also gegenüber den Alkoholikerinnen in der Gruppe Minderwertigkeitsgefühle?"

„Denen gegenüber?"

„Sie sagen das sehr erregt. Die machen Ihnen also doch ganz schön etwas aus."

„Die treten ja auch so selbstbewußt auf."

„Und das stört Sie?"

„Ich meine halt immer, daß Männer auf solche Frauen viel mehr fliegen."

„Ich weiß nicht, ob Sie da recht haben. Aber eines mag schon stimmen. Viele Alkoholikerinnen in der Gruppe haben sich zu ihrem Vorteil verändert. Solange sie getrunken haben, waren sie anders. Aber sie haben sicher durch ihre Therapie gelernt, wieder mehr aus ihrer Weiblichkeit zu machen, sich durchzusetzen und ihre Wünsche und Bedürfnisse mehr zur Geltung zu bringen. Dadurch können sie auch selbstbewußter auftreten."

„Genau das ist es, was ich meine."

„Dann liegt der Fehler aber doch nicht bei den Alkoholikerinnen, sondern doch mehr bei den Angehörigen, die einmal in eine Mutterrolle geraten sind und jetzt dabei bleiben. Vielleicht stimmt es sogar, daß ein Mann, der seine Kindanteile abgebaut hat, an einer selbstbewußten Frau mehr findet als an einer mütterlichen."

„Und Sie sehen mich als eine Mutter meinem Mann gegenüber?"

„So, wie Sie ihn kontrollieren, sind Sie es."

„Dann müßte ich mich also ändern. Das meinen Sie doch?"

„Ja, denn ich glaube, daß die Lösung Ihres Problems nicht daran liegen kann, daß Sie Ihren Mann in bezug auf andere Frauen überwachen, sondern daß Sie versuchen, sich auch zu verändern – vielleicht in die gleiche Richtung wie die Alkoholikerinnen. Sie können doch lernen, weniger sorgende Mutter sondern Frau für ihn zu sein. Die Tatsache, daß Sie bemerken, daß ihm das offensichtlich gefällt, kann doch Ansporn für Sie sein. Dann ist die Gefahr, daß ihm andere mehr gefallen als Sie, nicht mehr so groß."

„Ja ich weiß, die Konkurrenz schläft nicht."

„Na also, Sie nehmen es ja mit Humor. – Sehen Sie, ich fände es schade, wenn nicht auch Sie als Angehörige von der Gruppe profitieren würden. Die Alkoholikerinnen mußten aufgrund ihrer Krankheit Schweres durchmachen und durch viel Leid in einer Therapie lernen, anders zu werden. Sie als Angehörige können durch das Beispiel dieser Frauen lernen, daß man sich tatsächlich positiv verändern kann und daß man nicht unbedingt so bleiben muß, wie man ist. Leben ist Entwicklung, auch in der Ehe, und Stillstand ist Rückschritt. Ich glaube, es wäre für Sie und Ihren Mann und damit für Ihre Ehe sehr positiv, wenn Sie die Alkoholikerinnen in der Gruppe nicht ablehnen würden. Sehen Sie diese lieber als eine Herausforderung und als einen Anreiz, auch bei sich selber etwas zu ändern."

„Alkoholikerinnen als Beispiel …"

„Ist das denn so schlimm? Alkoholikerinnen sind doch auch nicht anders als andere Frauen. Sie waren nur unfähiger, mit ihrem Leben umzugehen, und brauchten darum Alkohol. Jetzt haben sie gelernt, wie man es anders machen kann. Und das ist schließlich unser aller Lebensaufgabe, zu lernen, uns zu entwickeln, liebesfähiger zu werden und damit mehr zu dem Menschen zu werden, der wir sein können, nämlich so, wie Gott uns gedacht hat."

Ich schäme mich,
weil mein Mann Alkoholiker ist

„Ich bin zu Ihnen gekommen, weil ich plötzlich ganz verunsichert bin. Sie haben mir gesagt, daß mein Mann Alkoholiker sei und er darum keinen Alkohol mehr trinken kann. Das stimmt doch?"

„Ja, warum fragen Sie?"

„Ich habe das ja bis jetzt auch angenommen, aber dann haben unsere Bekannten damit angefangen. Die können das natürlich nicht glauben. Die sagen immer wieder, das ist doch Blödsinn, dein Mann ist doch kein Alkoholiker. Der ist immer sauber angezogen, geht regelmäßig zur Arbeit, und so viel hat der doch gar nicht getrunken. Du kannst von dem doch nicht verlangen, daß der nie mehr ein Glas Wein oder Bier trinken darf. Da ist doch nichts dabei, wenn der mal wieder ein Gläschen mittrinkt."

„Und wie steht denn Ihr Mann zu dem allem?"

„Dem macht das nichts aus. Er trinkt eben keinen Alkohol mehr. Aber er sagt auch nichts. Das überläßt er alles mir. Neulich kam er von unserem Hausarzt und hat mir erzählt, der Doktor habe zu ihm gesagt, ein Gläschen Wein könne er jetzt schon wieder trinken. Er solle nur aufpassen, daß es nicht mehr so viel wie früher wird. Er müsse eben mäßig trinken."

„Und hat Ihr Mann sich davon beeinflussen lassen?"

„Nein, er hat gesagt, daß er den Doktor darüber aufgeklärt hätte, daß Alkoholiker keinen Alkohol mehr trinken dürften."

„Dann ist doch alles in Ordnung, wenn Ihr Mann sich nicht davon beeinflussen läßt und abstinent bleibt."

„Ja, schon. Ich meine ja nur, wenn das vielleicht doch nicht stimmt, ich meine, daß er Alkoholiker ist. Vielleicht kann er doch wieder trinken, so wie der Doktor meint."

„Eigentlich ist das doch Sache Ihres Mannes, zu entscheiden, ob er wieder trinken will oder nicht."

„Seit er in diese Abstinenzgruppe geht, tut er das nicht mehr. Er trinkt keinen Tropfen Alkohol mehr."

„Und wo ist dann das Problem?"

„Es ist kein Problem. Ich wollte ja nur mal fragen."

„Also, jetzt haben Sie gefragt. Aber ich habe den Eindruck, daß Sie deswegen noch nicht zufriedener sind."

„Wie meinen Sie das?"

„Ich habe den Eindruck, daß Sie Schwierigkeiten damit haben, daß Ihr Mann nichts mehr trinkt."

„Ach, Schwierigkeiten nicht gerade. Aber es stimmt schon. Es ist einfach komisch, wenn wir mit Bekannten zusammen sind und er als einziger nichts mittrinken kann. Er tut mir dann leid. Schließlich hat er so schlimm auch wieder nicht getrunken. Na ja, er hat schon jeden Tag getrunken, manchmal war es auch ein wenig viel. Aber wir hatten nie Streit deswegen, und andere trinken schließlich auch. Daß er alkoholkrank sein könnte, wäre mir nie in den Sinn gekommen. Gemerkt hat es auch niemand. Ich war damals ganz überrascht, als er mir sagte, daß er in eine Beratungsstelle gehen wolle. Er hat im Betrieb irgend etwas gelesen, was ihm zu denken gegeben hat. Und da hat er gesagt, jetzt will ich's genau wissen."

„Im Grunde haben Sie sehr viel Glück gehabt, daß Ihr Mann so vernünftig war, schon zu einem relativ frühen Zeitpunkt zur Beratung zu kommen. Bei den allermeisten Alkoholkranken ist das nicht der Fall. Die trinken, bis es nicht mehr anders geht, und die Angehörigen machen ganz schön was mit. Aber auch die Tatsache, daß Ihr Mann schon ziemlich früh gemerkt hat, daß mit ihm etwas nicht stimmt, ändert nichts. Er hat immer wieder gemerkt, daß er die Kontrolle über sein Trinken verloren hat, und das war letzten Endes auch der Grund, warum er kam. Damit aber ist eindeutig erwiesen, daß er süchtig getrunken hat und er seine Krankheit nur dadurch wieder in den Griff bekommt, daß er alkoholabstinent lebt. Und soweit ich es beurteilen kann, hat Ihr Mann das auch begriffen."

„Und da kann er nie mehr trinken, auch nicht nach einiger Zeit, ich meine, wieder normal trinken?"

„Ich habe es Ihnen damals ja zusammen mit Ihrem Mann erklärt, daß das nicht mehr geht. Wer einmal süchtig getrunken hat, ist immer wieder in großer Gefahr, es erneut zu tun, und die vielen Rückfälle zeigen deutlich, daß das eben stimmt. Die Gefahr ist einfach zu groß. Wer die Krankheit Alkoholismus vergessen will, tut dies am besten dadurch, daß er keinen Alkohol mehr trinkt. Wer alkoholkrank ist und wieder trinkt, kann in der Regel darauf warten, daß sein Trinken sich bald wieder steigert. Und ich nehme an, daß das ja nicht Ihr Wunsch ist."

„Nein, natürlich nicht. Aber könnte es denn nicht sein, daß er vielleicht gar nicht alkoholkrank ist?"

„So, wie Ihr Mann sich geschildert hat, glaube ich stark, daß er es ist. Und die Tatsache, daß er bereit wurde, abstinent zu leben, zeigt es doch auch. Er muß sehr deutlich gespürt haben, daß sein Trinken nicht mehr normal war. Einfach so mir nichts dir nichts hört niemand mit Alkoholtrinken auf."

„Aber der Doktor, der meint doch auch, daß er wieder etwas trinken kann. Der muß es doch schließlich wissen."

„Da bin ich mir nicht so sicher. Es gibt immer noch Ärzte, die nur sehr wenig über Alkoholismus Bescheid wissen und die meinen, wenn sie zur Mäßigung raten, würde das ausreichen. Dann wieder gibt es Ärzte, die nicht an den Kontrollverlust glauben und oft lange herumexperimentieren, bis deutlich wird, daß der Alkoholkranke sich einfach bei seinem Trinken nicht mehr kontrollieren kann. Und dann gibt es die Alkoholkranken selber, die ihren Ärzten eine ganz schöne Schau vorspielen, so daß ein Arzt, der wenig Zeit hat, kaum merkt, was wirklich los ist."

„Sie meinen also wirklich, daß er nicht mehr trinken kann?"

„Ich halte es für besser und sicherer."

„Dann muß ich mich wohl damit abfinden, daß es so ist."

„Ja. Und damit wären wir wieder bei Ihrem Problem. Denn Ihre Schwierigkeit ist doch, daß Sie sich gerade damit, daß Ihr Mann Alkoholiker ist und nicht mehr mittrinken kann, nicht abfinden können. Nennen wir die Sache doch beim Namen: Sie schämen sich. Das ganze Gespräch hindurch haben Sie doch nach einem Ausweg gesucht, diese unangenehme Tatsache nicht anerkennen zu müssen."

„Ja, Sie haben recht, ich schäme mich. Warum muß gerade ich so einen haben!"

„Ich könnte es mir ja nun leicht machen und sagen, Sie haben ihn schließlich geheiratet."

„Ja, ich weiß, daß ich das habe. Aber wenn ich gewußt hätte, daß er einmal Alkoholiker wird, dann ..."

„Nun, ich denke, es ist müßig, weiter darüber nachzudenken. Sie haben Ihren Mann nun einmal geheiratet, und nun müssen Sie sich mit der Tatsache auseinandersetzen, daß er Alkoholiker ist."

„Wenn das nur so einfach wäre ..."

„Vielleicht denken Sie einmal darüber nach, warum Sie sich so schämen."

„Ich glaube, ich weiß es. Es war für mich immer sehr wichtig gewesen, einmal den richtigen Mann zu heiraten, einen, der was ist und der es im Leben zu etwas bringt. Meine Eltern haben mir damit ständig in den Ohren gelegen. Und nun habe ich einen Alkoholiker. Das ist so, als wenn ich versagt hätte."

„Und darum haben Sie besonders Schwierigkeiten damit, wenn andere das nun auch bemerken, daß Ihr Mann kein Supermann ist, sondern nur ein Alkoholiker."

„Ja, ich habe immer Angst davor, was die dann von mir denken. Das war bei meinen Eltern auch so. Immer haben sie darauf geachtet, daß die Leute ja nichts Schlimmes von ihnen dachten. Ich glaube, ich habe das von ihnen geerbt."

„Geerbt sicher nicht, aber übernommen. Und jetzt leiden Sie darunter."

„Das ist doch letztlich egal, ob vererbt oder übernommen. Schließlich macht das doch keinen Unterschied."

„Da bin ich anderer Meinung. Gegen etwas Vererbtes können Sie nichts unternehmen. Aber etwas, das Sie übernommen haben, können Sie auch wieder aufgeben."

„Sie meinen also, daß ich dieses Schamgefühl wieder aufgeben könnte?"

„Ja."

„Aber wie?"

„Stimmt's denn, daß Ihr Mann ein Versager ist?"

„Wie kommen Sie darauf? Ich habe nie behauptet, daß er ein Versager ist. Im Gegenteil. Mein Mann ist in seinem Beruf sehr tüchtig. Er wurde von seinem Chef erst neulich wieder gelobt."

„Dann ist es also nur die Tatsache, daß er Alkoholiker ist, die ihn schlecht macht?"

„Eigentlich ja. Sonst habe ich nichts gegen ihn einzuwenden."

„Und warum macht ihn die Tatsache, daß er Alkoholiker ist, schlecht?"

„Sie machen mich jetzt ganz irre. Ich meine eben, Alkoholiker sind doch nicht normal, die sind doch asozial ..."

„Ihr Mann ist nach der Diagnose eindeutig Alkoholiker!"

„Sie wollen damit sagen, daß er nicht asozial ist?"

„Sie sagen das doch selber."

„Ja, das stimmt."

„Wenn das stimmt, dann stimmt Ihre Auffassung vom Alkoholiker nicht. Dann schämen Sie sich wegen etwas, das es gar nicht so gibt, wie Sie meinen. Alkoholiker sind nämlich krank, und wenn sie es geschafft haben, mit Trinken aufzuhören, dann sind sie wieder vollwertige Menschen, wie andere auch. Ihr Mann ist doch das beste Beispiel dafür. Das einzige, was sie von anderen unterscheidet, ist die Tatsache, daß sie nicht mehr trinken, weil sie das für sich als schädlich erkannt haben."

„Dann liegt der Fehler also bei mir?"

„Nun, Sie haben ja selber erkannt, daß Sie eine Norm von Ihren Eltern übernommen haben, was dazu führt, daß Sie wohl heute noch versuchen, es diesen recht zu machen."

„Ja, das kann schon sein ..."

„Und dadurch machen Sie sich das Leben selber schwer. Ich glaube, Sie sollten schon lernen, davon loszukommen. Versuchen Sie doch, mehr von den Tatsachen auszugehen. Die wesentliche Tatsache ist doch, daß Ihr Mann nicht mehr trinkt und daß er das aus eigener Kraft geschafft hat, ja, daß sogar seinem Chef aufgefallen ist, daß man sich auf ihn verlassen kann. Das allein zählt doch. Andere Leute sehen Ihren Mann offensichtlich ganz anders als Sie. Die beurteilen ihn nach dem, was er ist und wie er sich verhält, und nicht nach einer Vorstellung. Vielleicht schaffen Sie das eines Tages auch. Sie müssen sich nur mehr mit Ihren Eltern auseinandersetzen und sich von deren Normen, die für Sie selber schädlich sind, zu befreien versuchen. Dann werden Sie auch die Tatsache, daß Ihr Mann Alkoholiker ist, anders sehen lernen. Und Ihre Bekannten finden sich mit der Zeit damit ab, zumal wenn sie merken, daß Ihr Mann es ja selber will, nämlich nichts mehr

trinken. Das Wichtigste ist doch, daß Ihr Mann gesund weiterlebt.
Und wenn er es schafft, nicht nur trocken zu bleiben, sondern auch
zufrieden nüchtern zu werden, dann haben Sie selber doch das
meiste davon. "

„Gibt es da denn einen Unterschied, zwischen trocken und zufrieden nüchtern, wie Sie sagen?"

„Allerdings! Wer nur trocken ist, dem fehlt der Alkohol dringend zum Ausgleich seiner Stimmung. Und darum ist er unleidlich.
Jemand, der nur trocken ist, wird darum immer unzufrieden sein,
und er ist in großer Gefahr, eines Tages wieder zu trinken. Wer zufrieden nüchtern ist, der hat es geschafft. Dem fehlt Alkohol nicht
mehr, der kann ohne ihn leben und sich trotzdem seines Lebens
freuen. "

„So ist das also."

„Ja, und Sie können einen guten Teil dazu beitragen, daß Ihr
Mann das schafft."

„Ich?"

„Ja. Denn wenn er spürt, daß Sie Schwierigkeiten damit haben,
daß er nichts mehr trinkt, kann ihm das zu schaffen machen. Und
wer weiß, ob er dann nicht doch wieder anfängt zu trinken. Anfangs mag ja alles noch gut gehen, aber Sie können sicher sein, daß
sein Trinken sich steigern wird und Sie mit der Zeit nicht mehr froh
daran sind. Sorgen Sie lieber jetzt dafür, daß es gar nicht mehr so
weit kommt."

„Ich glaube, Sie haben mir ein wenig weitergeholfen. Vielen
Dank. Ich muß wohl doch meine Einstellung ändern und es einfach
akzeptieren lernen, daß er Alkoholiker ist, und mich daran freuen,
daß er nichts mehr trinkt, so wie Sie sagen. Und unsere Bekannten,
die müssen das einfach auch akzeptieren lernen."

Muß ich als Angehörige auch auf Alkohol verzichten?

„Mein Mann ist ja wieder aus der Kur zurück, und es geht seitdem ganz gut. Viel besser als früher. Ich bin ja so froh. Aber eine Frage habe ich doch: Meinen Sie, ich soll nun auch auf Alkohol verzichten? In der Gruppe haben einige Frauen gesagt, daß sie wie ihr Mann abstinent leben würden."

„Ja, möchten Sie es denn?"

„Ich weiß nicht so recht. Ich habe mir ja nie viel aus Alkohol gemacht, aber doch ab und zu mal ganz gerne ein Glas getrunken. Manche Frauen haben in der Gruppe erzählt, daß sie den Alkohol hassen gelernt haben und schon darum keinen mehr sehen könnten. Aber so war es ja bei uns nicht. Mein Mann ist – wie Sie ja wissen – nie ausfällig geworden und zum Glück auch rechtzeitig in Therapie gegangen. Und darum weiß ich nun nicht so recht ... Eigentlich würde ich schon ganz gerne ab und zu wieder mal was trinken. Zudem sagt auch mein Mann, daß er nicht will, daß ich wegen ihm verzichten müsse. Schließlich sei er krank und nicht ich."

„Ich nehme an, daß Sie sich trotzdem nicht ganz sicher sind, was nun richtig ist, denn sonst wären Sie ja nicht mit dieser Frage zu mir gekommen."

„Ja, genau, darum bin ich gekommen. Denn ich will natürlich auch nichts falsch machen."

„Nun, ich will versuchen, Ihnen Ihre Frage zu beantworten. Zunächst einmal ist es richtig, was Ihr Mann sagt. Er ist alkoholkrank und kann darum nicht mehr mit Alkohol umgehen. Aus diesem Grund muß er abstinent leben und nicht Sie. Ihr Mann weiß das. Und egal, was andere tun, egal, was Sie tun, er weiß, daß es um ihn geht und daß er nur solange ein zufriedenes Leben führen kann, wie er abstinent bleibt. Er muß es um seiner selbst willen. Und daß er das begriffen hat und auch will, drückt sich sicher darin aus, daß er Ihnen das Trinken nicht verbieten will. Er weiß, daß Alkohol sein Problem ist und nicht Ihres."

„Aber in der Gruppe haben einige gesagt, daß sie durch ihre Abstinenz auch ihrem Mann helfen würden. Stimmt das denn nicht?"

„Das stimmt und stimmt auch wieder nicht, je nachdem. Tatsache bleibt, daß Ihr Trinken oder Ihre Abstinenz nur ganz unwesentlich dazu beiträgt, ob Ihr Mann abstinent bleibt oder wieder trinkt. Trinken oder nicht trinken ist letztlich immer die Entscheidung Ihres Mannes. Wenn er sich für sich selber entschieden hat, das heißt, für sein Wohlergehen und seine Gesundheit, dann wird er abstinent bleiben, egal, was Sie tun. Und wenn er aus irgendeinem Grund wieder trinken will, dann wird er das tun, auch wenn Sie selber abstinent leben."

„Dann ist es also praktisch egal, wie ich mich verhalte?"

„Nein, nicht ganz. Sie können durch Ihre Abstinenz Ihrem Mann tatsächlich helfen."

„Ja – aber Sie sagten doch ..."

„Ich will Ihnen auch das erklären. Ich nehme an, daß Sie wissen, welche Einstellung unsere Gesellschaft zum Alkoholtrinken hat. Trinken gehört bei uns zum guten Ton. Trinken ist vor allem für Männer ein wichtiges Statussymbol. Die Alkoholwerbung stellt dies auch gern heraus: ‚Ein Mann – ein Bier' und wie die Sprüche alle heißen. Je mehr einer trinkt, je härtere Sachen einer trinkt, ein desto männlicherer Mann ist er. Gerade Männer empfinden darum das Auf-Alkohol-Verzichtenmüssen härter als beispielsweise Frauen. Männern fällt Abstinenz schwerer. Sie müssen sich mehr behaupten, wenn sie Alkohol ablehnen. Und viele Männer sind in ihrer Rolle als Mann dadurch zumindest in der ersten Zeit der Abstinenz verunsichert. Und wenn sie nun erleben, daß ihre Frau, die gesellschaftlich gesehen ja zum ‚schwachen Geschlecht' zählt, Alkohol trinken kann und sie selber nicht, kann das eine Wunde hinterlassen. Das vor allem, wenn es in Gesellschaft geschieht, wo der Mann dann vielleicht der einzige ist, der nicht mittrinken kann. Er kommt sich dann leicht minderwertig vor."

„Und Sie meinen, daß er deswegen wieder rückfällig werden kann und es darum besser ist, wenn ich auch abstinent bleibe?"

„Das vorhin Gesagte gilt. Wenn Ihr Mann nicht rückfällig werden will, wird er es deswegen auch nicht. Wenn er jedoch innerlich schwankend ist und seine Entscheidung zur Abstinenz nicht fest genug ist, kann eine solche Sache unter Umständen für ihn zum Anlaß werden, wieder zu trinken. Aber wenn nicht deswegen, dann würde er es eben aus einem anderen Grund tun. Mir geht es bei der Abstinenz des Partners gar nicht um den Rückfall. Mir geht es vielmehr um ein Stück Solidarität. Auch wenn Ihr Mann nicht will, daß Sie abstinent leben, so wird er es doch wohltuend empfinden, wenn Sie es tun. Er kommt sich dann in Gesellschaft anderer nicht mehr so allein vor. Er spürt, daß Sie die Folgen seiner Krankheit mit ihm tragen, daß Sie ihn dabei nicht allein lassen. Und das wird ihm guttun."

„Ich habe eigentlich die ganze Zeit das gespürt, was Sie jetzt gesagt haben. Darum bin ich ja auch gekommen. Irgendwie habe ich einfach das Gefühl gehabt, es ist nicht richtig, wenn ich noch trinke, während er verzichten muß."

„Ich möchte Ihnen noch etwas Weiteres sagen: Ihre Abstinenz kann für Ihren Mann zu einem Zeichen werden, daß Sie gewillt sind, diesen neuen Lebensabschnitt nach der Kur gemeinsam mit ihm zu gehen und nicht neben ihm her. Gerade darin drückt sich doch Ehe aus, das Einssein, wie es die Bibel bezeichnet, daß man gemeinsam durchs Leben geht, daß man auch diese Zeit des Verzichtes mit dem Partner teilt. Alkoholabstinenz ist dazu sicher nicht alles, aber sie kann – wie gesagt – dafür ein Zeichen sein."

„Und so kann ich ihm doch helfen?"

„Ja. Sie können dadurch sicher nicht verhindern, daß Ihr Mann wieder rückfällig wird, wenn er das will, aber Sie können ihm sehr helfen durch das dadurch entstehende Gefühl der Gemeinsamkeit."

Ist es richtig, keinen Alkohol im Hause zu haben?

„Was ich Sie fragen wollte: Es ist doch richtig, keinen Alkohol im Hause zu haben?"

„Wie kommen Sie zu dieser Frage?"

„Unsere Tochter will sich nächste Woche verloben, und da kommen zum ersten Mal die Eltern unseres Schwiegersohnes zu Besuch. Unsere Tochter sagt, die würden alle gerne Wein trinken, und das ginge nicht, keinen Wein im Hause zu haben."

„Und was sagt Ihr Mann dazu?"

„Der sagt das gleiche wie unsere Tochter."

„Dann sind Sie es, die Schwierigkeiten damit hat?"

„Ja wieso? Uns wurde gesagt, daß es besser wäre, wir würden allen Alkohol aus dem Hause schaffen, und das haben wir nach der Kur meines Mannes gleich getan, und bis jetzt hat es keine Schwierigkeiten damit gegeben."

„Und worin bestehen die Schwierigkeiten jetzt?"

„Sind Sie etwa auch der Meinung wie die beiden?"

„Ich glaube, es geht gar nicht um meine Meinung. Viel wichtiger wäre doch, daß Sie einmal dazu Stellung nehmen, warum Sie sich mit dem Gedanken schwer tun, zur Verlobung Ihrer Tochter einige Flaschen Wein zu kaufen."

„Das ist doch klar ..."

„Sie meinen, Ihr Mann könnte rückfällig werden, wenn wieder Alkohol im Hause ist?"

„Das nicht gerade ... ich weiß es nicht. Lieber wäre es mir trotzdem. Ich möchte unter keinen Umständen das noch einmal mitmachen, was früher war. Ich bin ja so froh, daß es endlich vorbei ist. Und wissen Sie, ich brauche keinen Alkohol. Ich habe auch früher nur wenig getrunken, und mit der Zeit habe ich Alkohol hassen gelernt. Was der alles kaputt gemacht hat ..."

„Ich kann Sie gut verstehen mit Ihrer Einstellung. Ich finde es auch gut, daß Sie mit Ihrem Mann abstinent leben. Nicht alle Frauen tun das. Und die Männer von Alkoholikerinnen gleich gar nicht. Aber hier ginge es doch nur um eine Ausnahme ..."

„Trotzdem! Dann bleiben wieder halbvolle Flaschen stehen, und das war früher schon immer eine Versuchung für meinen Mann. Und dann, wenn die anderen alle trinken und nur mein Mann trinkt alkoholfrei, sieht das ja auch komisch aus."

„Liegt nicht hier auch Ihre Schwierigkeit, daß Sie sich dessen schämen?"

„Schämen nicht gerade. Aber ich gebe zu, daß ich mich besser fühlen würde, wenn es bei allen gleich wäre. Und dann habe ich einfach Angst. Es wäre besser, mein Mann würde sich vom Alkohol fernhalten."

„Sie glauben, Ihr Mann wird um so weniger rückfällig, je weiter entfernt er vom Alkohol ist."

„Das in jedem Fall. Warum sollte man uns sonst überall empfohlen haben, keinen Alkohol im Hause zu haben?"

„Nun, sicher ist diese Empfehlung richtig, zumal auch Sie sich zur Abstinenz entschlossen haben. Was soll da auch Alkohol im Haus. Ich weiß aber, daß gerade die trockenen Alkoholiker in dieser Frage geteilter Meinung sind. Wenn dieses Thema in der Gruppe besprochen wird, wird immer von einigen auch die Meinung vertreten, daß man ruhig Alkohol im Hause haben soll, für Besuch, der kommt, und so weiter. Sie sehen es als ein Zeichen von Schwäche an, wenn man so konsequent Alkohol meidet, und vertreten die Meinung, so fest müsse man sein, daß einem das nichts ausmache."

„Ich sehe das nicht als Schwäche an. Ich betrachte es eher als Vorsicht."

„Ich glaube, daß beide Meinungen etwas Richtiges an sich haben. Es ist absolut richtig, allen Alkohol aus dem Haus zu schaffen, wenn der Alkoholiker selber spürt, daß ihm das sonst gefährlich werden könnte. Ich erinnere mich an einen ähnlichen Fall wie Ihren. Da ging es um die Hochzeit des Sohnes. Der Betreffende hat erzählt, daß noch eine Flasche Wein übriggeblieben wäre, und die habe im Keller gestanden. Und jedesmal, wenn er in den Keller gegangen sei, habe er diese Flasche Wein gesehen. Und einmal habe er sie dann gepackt und an die Wand geworfen."

„Sehen Sie! Genau das ist es, was ich meine. So etwas möchte ich unter allen Umständen vermeiden."

„Ich gebe Ihnen ja recht. Wenn der Alkoholiker spürt, daß ihn Alkohol noch lockt, ist es in jedem Fall besser. Aber auch die anderen haben recht. Irgendwann muß man so weit kommen, daß einem Alkohol nichts mehr ausmacht. Ich kenne Gastwirte, Winzer, Küfer, die alle tagtäglich mit Alkohol umgehen müssen und das auch gelernt haben, ohne rückfällig geworden zu sein. Einer hat einmal erzählt, daß man ihm auf dem Bau den Bierverkauf anvertraut hat, weil der Chef der Meinung war, daß man ihm am besten trauen könne, weil er selber keines trinke."

„O, da würde ich tausend Tode sterben, wenn mein Mann so was machen müßte. Das würde ich nicht zulassen."

„Mir ist jetzt schon verschiedene Male aufgefallen, daß Sie wieder in einen alten Fehler zurückfallen ..."

„Ich?"

„Ja. Sie versuchen schon wieder, Ihren Mann zu kontrollieren."

„Ach, das meinen Sie. Ja, Sie können schon recht haben. Es ist nur so furchtbar schwer, wenn man Angst hat, sich anders zu verhalten. Ich versuch's ja ..."

„Und dabei war es Ihnen schon einmal ganz klar, daß Kontrollieren nichts bringt. So wenig, wie Sie Ihren Mann in seiner nassen Zeit kontrollieren konnten, genausowenig können Sie es jetzt in seiner trockenen Zeit. Er tut letzten Endes doch, was er will. Und vor allem erreicht man durch Kontrollieren oft das Gegenteil von dem, was man will."

„Das verstehe ich nicht."

„Im Grunde ist es ganz leicht zu verstehen. Wenn Sie versuchen, Ihren Mann zu kontrollieren, vermitteln Sie ihm damit das Gefühl, daß er selber es nicht kann und dazu nicht in der Lage ist. Das kann ihn unsicher machen, was seine Kraft zur Gesundung schwächt. Es gibt auch Männer, die sich so darüber ärgern, daß sie aus Trotz und Ärger wieder trinken, um es ihrer Frau zu zeigen. Darum ist es doch viel besser, Sie vertrauen ihm und lassen ihn in dieser Sache selber entscheiden."

„So habe ich das noch gar nicht gesehen, aber es ist ja wahr ..."

„Wenn wir nun schon dabei sind, möchte ich Sie auch noch auf etwas anderes hinweisen. Aus Ihren Worten klingt so etwas wie eine Verteufelung des Alkohols mit. Auch das nützt Ihnen nichts, wenn Sie den Alkohol verteufeln und meinen, die Gefahr käme von ihm. Die Gefahr geht nie vom Alkohol aus, sondern immer von den Gefühlen Ihres Mannes. Wenn Ihr Mann Verlangen nach Alkohol bekommt und dieses Verlangen nicht wieder in den Griff bekommt, dann wird er wieder anfangen zu trinken, ob Sie Alkohol im Hause haben oder nicht. Und Sie können daran gar nichts ändern. Und solange er entschieden bleibt, keinen Alkohol mehr zu trinken, solange wird er keinen trinken, auch wenn er in Alkohol schwimmen müßte."

„Glauben Sie, daß das möglich ist?"

„Ja, das glaube ich nicht nur, sondern das weiß ich. Ich habe Ihnen vorhin ja schon ein paar Beispiele erzählt. Wenn ein Alkoholiker sich entschieden hat, abstinent zu leben, dann kann keine Macht der Welt ihn wieder zum Alkohol verführen. Er trinkt keinen mehr, weil er nicht will. Verführen läßt sich nur der, der ‚jein' gesagt hat, der sich nicht klar gegen Alkohol entschieden hat, der sich irgendwo noch ein Hintertürchen offengelassen hat, irgendwann doch vielleicht wieder einmal zu trinken. Der ist bei jeder Gelegenheit in Versuchung, es diesmal zu tun. Und irgendwann wird er es auch tun. Leider wird auch beim Rückfall so getan, als ob dieser über einen komme oder er vom Himmel herunterfalle, und wenn man Pech hat, dann trifft er einen. Das ist doch alles Unsinn. Rückfällig kann man nur werden, wenn man es will. Aus keinem anderen Grund. Natürlich gibt es dazu Anlässe, und Alkohol im Haus kann auch einmal ein solcher Anlaß sein. Aber entscheidend ist das nie. Entscheidend ist immer nur das, was der Alkoholiker will: Ob er trinken will oder nicht. Und so, wie ich Ihren Mann einschätze, hat er sich gegen Alkohol entschieden."

„Sie meinen also, wenn wir einige Flaschen Wein zur Verlobung hertun, daß ihm nichts passieren kann."

„Ich glaube nicht, da Ihr Mann sich wirklich so weit gefestigt hat, daß er das nicht tun wird. Und darauf kommt es doch an. Wenn Ihr Mann diese Festigkeit nicht erreicht, dann sind Sie ja nie sicher. Denn Alkohol kann er doch schließlich nicht meiden. Davon ist er überall umgeben. Sie sollten ihm mehr vertrauen. Wenn

Ihr Mann schon dafür ist, die Gäste nicht trocken sitzen zu lassen, dann traut er sich das auch zu."

„Heißt das, daß wir dann immer Alkohol im Haus haben sollen, wenn Besuch kommt?"

„Das kommt doch auf den Besuch an. Es gibt sicher auch Freunde, die sich nicht daran stören, wenn sie keinen Alkohol bekommen. Aber bei dieser Verlobung kommen doch zunächst noch fremde Leute ins Haus, die das vielleicht nicht sofort verstehen würden, und dann wäre die ganze Sache vielleicht noch peinlicher als jetzt, wo nur Sie nichts trinken."

„So ähnlich hat mein Mann auch gesagt. Sie meinen also ...?"

„Was ich meine, wissen Sie ja nun. Die letzte Entscheidung müssen schon Sie selber treffen und zwar zusammen mit Ihrem Mann."

„Na ja, der will es ja ... vielleicht sollte ich wirklich einmal meine Angst besiegen und ihm mehr vertrauen, so wie Sie sagen."

Mein Mann hat noch so wenig Selbstvertrauen

„Ich muß einmal ein dringendes Problem mit Ihnen besprechen, weil ich meine, daß mein Mann sich nicht richtig verhält. Sie wissen ja, daß er jetzt seit einigen Wochen aus der Kur zurück ist ..."

„Ja, und ...?"

„Es ist nicht so, daß wir Schwierigkeiten miteinander hätten. Nicht daß Sie das denken. Wir kommen sogar ganz prima miteinander aus, und wenn es so bleibt, dann bin ich sehr zufrieden. Aber da ist etwas anderes, was mir sehr zu schaffen macht. Das geht schon jahrelang so, und einmal muß doch ein Ende damit sein. Es geht dabei um die Situation im Geschäft. Mein Mann müßte eigentlich schon längst eine höhere Stellung in der Firma haben, und das Geld könnten wir dringend gebrauchen. Schließlich hat er ja auch Kinder, die studieren wollen. Aber immer sind ihm andere vorgezogen worden. Und anstatt sich zu wehren, hat er getrunken. Und jetzt macht er gerade so weiter. Meinen Sie, der redet einmal mit dem Chef und fordert das Recht, das ihm zusteht?"

„Hat er denn tatsächlich einen Rechtsanspruch darauf, befördert zu werden?"

„Andere, die nach ihm eingestellt worden sind und nicht seine Erfahrung haben, wurden es doch auch. Aber ich weiß, sein Chef kann ihn nicht leiden, und dann durch die Trinkerei, da war ja klar, daß er nicht mehr in Frage kommt. Aber jetzt, wo doch alles wieder gut ist, wäre es an der Zeit, daß er etwas unternimmt. Das meine ich wenigstens."

„Nun, wahrscheinlich regelt sich das Problem von selbst. Alkoholkranke bringen mit der Zeit wieder gute Leistungen, und weil sie nicht mehr trinken, sind sie auch zuverlässig, so daß sie meistens rasch wieder an Vertrauen gewinnen und dann auch befördert werden. Das ist jedenfalls eine Erfahrung, die ich bei sehr vielen Alkoholkranken gemacht habe."

„Das mag ja stimmen, aber so lange will ich nicht mehr warten.

Ich habe die ganzen Jahre, in denen er getrunken hat, gewartet und nichts gesagt. Wenn ich nur daran denke, wieviel Geld uns dadurch verloren gegangen ist. Und wir könnten es dringend gebrauchen, das dürfen Sie mir glauben."

„Was sagt denn Ihr Mann zu dem allem?"

„Das ist es ja. Im Grunde gar nichts. Was glauben Sie, wie oft ich ihn schon gedrängt habe, seit er zu Hause ist, mit seinem Chef endlich einmal zu reden und darauf zu drängen, daß sich etwas tut – alles vergebens. Er nickt und sagt, ja, ich weiß, aber er unternimmt nichts. Dabei weiß ich, daß er unter diesem Zustand auch leidet. Ich glaube sogar, daß er deswegen hauptsächlich immer mehr getrunken hat. Und wenn es so weitergeht, trinkt er womöglich bald wieder."

„So wie Ihr Mann reagiert, sieht es doch aus, als ob er zumindest im Moment diese Sache nicht anpacken will. Sie sagen, daß sein Chef ihn nicht leiden kann. Ich kann mir vorstellen, daß es Ihrem Mann einfach unangenehm ist, jetzt schon mit Forderungen zu kommen."

„Unangenehm hin und unangenehm her. Ich muß auch viele unangenehme Dinge tun!"

„Nur daß zwischen Ihnen und Ihrem Mann ein Unterschied ist. Sie können es, er nicht."

„Aber er hat doch jetzt eine Therapie mitgemacht, da müßte er es doch endlich auch können. Ich weiß schon, was Sie meinen. Früher hat er vor allem Unangenehmen gekniffen. Aber Sie selber haben gesagt, das Ziel der Therapie wäre, zu lernen, mit solchen Unfähigkeiten fertigzuwerden und innerlich zu wachsen."

„Das ist völlig richtig, nur vergessen Sie eines. Ich habe sicher auch dazu gesagt, daß dieser Änderungsprozeß nach einer stationären Therapie nicht abgeschlossen ist, sondern erst angefangen hat. Gewöhnlich dauert es eben drei bis vier Jahre, bis man das in der Therapie Gelernte auch in die Tat umsetzen kann. Die Stärke muß wachsen und auch das Zutrauen zu sich selber, daß man es kann und daß die Welt nicht untergeht, wenn man etwas Unangenehmes wagt. Ich glaube, es wäre für Ihren Mann schon wichtig, wenn Sie etwas geduldiger würden und ihn nicht so drängten. Er braucht einfach seine Zeit. Sehen Sie, am Anfang braucht der Alkoholiker nach seiner Therapie sowieso alle Kraft, um trocken zu bleiben und nicht wieder zu trinken. Da bleibt eben oft nicht viel Kraft, nun auch noch Probleme anzupacken, die Angst machen. Aber in dem Maße, wie er spürt, daß er nicht mehr trinken muß, daß er trocken leben kann, wird er auch wieder die Dinge anpacken, die ihn belasten. Es braucht halt seine Zeit. Er kann es nicht sofort."

„Dann meinen Sie, daß es gut ist, wenn ich ihn damit in Ruhe lasse und noch eine Zeitlang warte?"

„Ich denke schon. Ihr Mann gibt Ihnen doch deutlich zu verstehen, wie unangenehm ihm die ganze Sache ist. Nehmen Sie es einfach einmal ganz bildlich: Seelische Prozesse sind Wachstumsprozesse. Bei keiner Pflanze können Sie das Wachstum wesentlich beschleunigen, auch wenn Ihnen noch so sehr daran liegt, daß sie groß und reif wird und endlich geerntet werden kann. Sie müssen sich gedulden und warten, bis die Pflanze gereift ist. Und so ist es auch bei Ihrem Mann. Fähigkeiten, die er vorher nicht hatte, weil er vielleicht schon von Kind auf nicht gelernt hat, sich durchzusetzen, die werden auch in einer halbjährigen Therapie nicht reif. Aber sie fangen dort an zu keimen und langsam zu wachsen. Irgendwann wird es auch bei Ihrem Mann so weit sein, daß er handeln kann, weil er es sich dann zutraut. Sie können sogar sicher sein, daß es eines Tages so weit sein wird. Denn Ihr Mann erlebt ja seine Situation jetzt nüchtern. Und darum wird ihn die Benachteiligung auch immer mehr ärgern. Und wenn er nicht wieder anfangen will zu trinken, dann muß er eines Tages einfach reagieren, weil sonst sein Ärger übermächtig in ihm wird."

„Hoffentlich haben Sie recht ..."

„Mir geht noch etwas im Kopf herum. Ich könnte mir vorstellen, daß es nicht nur Angst vor dem Chef ist, die Ihren Mann sich zurückhalten läßt. Wahrscheinlich kommen auch noch eine ganze Portion Schuldgefühle dazu. Er weiß ja, daß man ihn während seiner Trinkzeit hat verkraften müssen. Man hat ihn auch nicht entlassen, sondern ihm die Möglichkeit gegeben, eine Kur zu machen. Wenn das zutrifft, was ich denke, und es ist sehr wahrscheinlich, dann müssen Sie auch abwarten, bis diese Schuldgefühle weg sind."

„Und wie lange dauert das dann wieder?"

„Das weiß ich auch nicht. Aber in dem Maße, wie Ihr Mann merkt, daß er für die Firma wieder Leistung bringt, werden sich auch diese Schuldgefühle abbauen. Letzten Endes läuft es wieder auf den Reifungsprozeß hinaus, den Ihr Mann eben durchlaufen muß."

„Mir fällt es ja schwer, aber wahrscheinlich muß ich halt doch noch warten."

„Haben Sie noch ein wenig Geduld mit Ihrem Mann und erwarten Sie nicht alles auf einmal. Um so schöner wird es dann sein, wenn Sie bemerken, daß es trotzdem aufwärts geht, langsam, aber sicher."

Es fällt mir schwer, meinen Mann mehr Verantwortung übernehmen zu lassen

„Sie glauben gar nicht, was wir für Schwierigkeiten haben, seit mein Mann nicht mehr trinkt. Darum möchte ich unbedingt einmal mit Ihnen reden. Sagen Sie, ist es richtig, daß ich ihm die Verwaltung des Geldes wieder überlassen soll?"

„Warum fragen Sie das?"

„Weil er behauptet, das wäre wichtig für ihn. Er hat in seiner Kur gelernt, sagt er, daß er Aufgaben übernehmen und nicht alles mir überlassen soll."

„Und halten Sie das für falsch?"

„Für falsch nicht, aber warum gerade das Geld? Dann soll er sich doch lieber um andere Dinge kümmern. Soll er sich doch einmal um seine Kinder kümmern und die erziehen, aber das überläßt er mir."

„Sie sagten, daß er will, daß Sie ihm die Geldverwaltung wieder überlassen sollen. Hat er das denn schon gemacht?"

„Ja, aber das war ganz am Anfang unserer Ehe. Aber er hat das doch nie richtig gekonnt. Und dann hat er es immer mehr mir überlassen. Mir macht das nichts aus. Ich bin solche Sachen von zu Hause gewöhnt. Ich habe mich schon immer um alles kümmern müssen. Aber ihn haben sie zu Hause immer nur angeschrien. Machen durfte er gar nichts. Und dann hat er ja schon immer getrunken. Mit der Zeit ist das immer schlimmer geworden, und so habe ich mich halt immer mehr um die Familie gekümmert und alles übernommen. War das denn falsch?"

„Das glaube ich nicht. Schließlich ist Ihnen ja nichts anderes übriggeblieben."

„Eben! Und nun kommt er daher aus seiner Kur und will einfach alles an sich reißen. Der soll erst mal langsam tun und kleine Brötchen backen."

„Ich kann gut verstehen, daß es Ihnen schwerfällt, ihn jetzt wieder Verantwortung übernehmen zu lassen, nachdem Sie das so lange tun mußten und das auch ganz gut fertigbrachten. Ich denke, daß es jedem Menschen schwerfällt, wenn er wieder ein Stück zurücktreten soll und Verantwortung abgeben muß. Aber genauso wichtig ist es für Ihren Mann, sich jetzt nicht mehr nur als Anhängsel in der Familie zu erleben, sondern zu spüren, daß er für die Familie wieder eine verantwortliche und wichtige Funktion erfüllt. Wie soll er denn sonst wieder in ein verantwortungsvolles Leben hineinwachsen?"

„Aber er kann es doch gar nicht. Er hat doch noch nie richtig mit Geld umgehen können."

„Ich nehme an, daß er sich jetzt zutraut, es zu schaffen, denn sonst würde er bestimmt nicht darauf bestehen."

„Ich weiß nicht so recht, aber da habe ich so meine Zweifel . . ."

„Vielleicht haben Sie recht, und es gibt Schwierigkeiten. Aber ein wichtiges Therapieziel ist, daß Ihr Mann lernt, mit Schwierigkeiten klarzukommen. Es wäre darum das Falscheste, wenn Sie ihm Schwierigkeiten abnehmen würden, nur weil Sie es besser können. Sonst besteht die Gefahr, daß er wieder unzufrieden wird, sich bald um nichts mehr kümmert und darum irgendwann wieder trinkt."

„Das will ich natürlich unter gar keinen Umständen, daß er rückfällig wird und wieder trinkt. O nein, nur das nicht."

„Ja – aber Sie merken, daß das eine nicht ohne das andere geht. Früher hat er sich um nichts gekümmert, alles Ihnen überlassen und getrunken. Das konnte er ja auch, denn er trug keine Verantwortung. Es lief alles, denn Sie haben sich um alles gekümmert. Aber jetzt trinkt er nicht mehr und hat erkannt, daß sein früheres Verhalten falsch war. Seine Forderung, das für ihn vielleicht Schwierigste zu tun, nämlich mit dem Geld klarzukommen, zeigt doch, daß er wirklich bemüht ist, sich zu ändern. Und wie soll er sich denn darin üben, wenn er nicht einmal den Anfang macht?"

„Aber gerade mit dem Geld! Und wenn es nicht klappt, dann leiden wir alle darunter."

„Natürlich haben Sie keine Sicherheit, daß alles gut geht. Aber so schlimm muß es ja auch nicht werden. Vielleicht schafft er es sogar sehr gut. Und dann haben Sie doch die Möglichkeit, es auch eine Zeit zusammen zu machen, bis es sich wieder eingespielt hat.

Schließlich ist Ihr Mann doch kein kleines Kind mehr, und er hat in der Therapie gelernt, sich wieder um sein Leben zu kümmern."

„Ja, das mag ja schon sein ..."

„Sie haben immer noch Schwierigkeiten damit, wenn Sie daran denken?"

„Ich geb's ja zu. Es fällt mir schon schwer, mich an den Gedanken zu gewöhnen."

„Sehen Sie es doch einmal von der Seite Ihres Mannes: Er hat zwar in der Kur schon einiges gelernt, aber immer noch hat er sehr wenig Selbstvertrauen. Das haben die wenigsten, wenn sie aus ihrer Therapie kommen. Darum ist es für jeden so wichtig, daß er merkt, er wird wieder gebraucht. Und er will hauptsächlich von seiner Familie gebraucht werden. Die Alkoholiker wissen doch, was sie ihrer Familie angetan haben. Ich weiß von sehr vielen, daß das der Schritt weg vom Alkohol war, wenn sie für sich das Ziel aufgebaut haben, wieder für die Familie dazusein. Dazu gehört aber auch, daß sie sich wieder verantwortlich um die ganze Familie kümmern. Wer vom Alkohol loskommen will, muß einen Sinn in seinem Leben sehen. Es kann doch für Ihren Mann auch darin Sinn liegen, daß er nicht mehr Sie die ganze Verantwortung alleine tragen läßt, sondern Ihnen zeigen will, daß Sie jetzt wieder mit ihm rechnen können."

„Aber dann soll er mir allein auch nicht die Erziehung der Kinder überlassen."

„Da haben Sie vollkommen recht, denn auch das gehört dazu. Doch ich denke, daß er das von ganz alleine tun wird. Wenn er sich schon wieder um mehr kümmern will, dann wird er sich auch mehr um die Kinder kümmern."

„Hoffentlich!"

„Und wenn nicht, dann müssen Sie darüber einfach mit ihm reden. Sie können mit Ihrem Mann jetzt nach der Therapie sicher ganz anders reden als vorher."

„Ja, das stimmt schon. – Sie meinen also, daß ich über meinen Schatten springen und ihm die Geldverwaltung wieder übertragen soll?"

„Ihr Mann hat gelernt, sich zu verändern. Und das macht es notwendig, daß Sie das gleiche lernen, wenn es wieder zwischen Ihnen harmonieren soll. Vielleicht müssen Sie das Schwerste lernen, nämlich Dominanz abgeben. Aber ohne das kann es zu keinem Miteinander kommen, in dem sich beide wohlfühlen. Vielleicht müssen Sie jetzt einiges abgeben, aber dafür werden Sie ganz sicher auch wieder etwas erhalten. Ich erinnere mich an eine Frau, die in der Gruppe einmal sagte, daß sie ganz froh ist, daß er sich jetzt um die Finanzen kümmert. Für sie sei dadurch alles viel einfacher und leichter geworden. Vielleicht können Sie das auch lernen und erfahren."

„Nun, ich muß es mir noch überlegen. Vielleicht ist es doch richtig, wenn ich es ihn einmal probieren lasse."

Mein Mann nimmt sich zu wichtig

„Also wissen Sie, mit der Zeit wird mir die ganze Sache zu bunt. Der ist von seiner Kur zurückgekommen, mit stolzgeschwellter Brust, als ob er eine Riesenleistung vollbracht hätte, nur weil er es geschafft hat, mit Trinken aufzuhören. Seitdem gibt er an und stellt Forderungen, als ob es nur ihn gäbe. Was ich ausgehalten habe und was ich mache, ist nichts. Das interessiert ihn gar nicht. Seine Gedanken kreisen nur noch um Therapie, er achtet auf seine Gefühle, oder er ist in Gedanken ständig bei der Gruppe. Und dann Abstinenz hin und Abstinenz her, als ob es nichts Wichtigeres gäbe. Natürlich, er muß ja trocken leben, aber da braucht er doch nicht so ein Trara drumherum zu machen und so zu tun, als ob die übrige Welt aufgehört hätte zu existieren. Und dann kommt das Allerbeste: ‚In der Kur habe ich gelernt', sagt er, ‚zuerst komme ich und dann kommt lange nichts und dann kommst erst du!' Wenn er das sagt, dann könnte ich ihm gerade eine runterhauen. Sagen denn so was andere auch?"

„Ja, diesen Satz habe ich schon öfter gehört."

„Das ist doch unmöglich. Lernen die denn in ihrer Kur tatsächlich solches Zeugs?"

„Ich denke schon, daß während einer Therapie solche Sätze fallen. Aber natürlich ist wichtig, sie im Zusammenhang des Geschehens zu verstehen. Leider hören manche nur das, was ihnen gefällt und was in ihr Konzept paßt, und dann werden solche Sätze aus dem Zusammenhang gerissen und damit falsch."

„Also halten Sie das auch für falsch?"

„Ich halte diesen Satz sowohl für richtig als auch für falsch. Es kommt eben auf den Zusammenhang an. Tatsache ist und bleibt, daß für den Alkoholiker das Trockenbleiben das Wichtigste ist. Bleibt er nicht trocken, kann er alles andere vergessen. Trinkt er wieder, dann haben auch Sie als Partner sowie die ganze Familie den Schaden davon. Betrachten Sie es von dieser Seite, dann müssen auch Sie zugeben, daß es für Ihren Mann tatsächlich das Wichtigste ist, nicht mehr zu trinken. Mehr Sinn allerdings hat dieser Satz nicht."

„Ja, das sehe ich ein, aber deswegen braucht er sich doch nicht gleich so aufzublasen und so wichtig zu nehmen. Hätte er nicht gesoffen, dann wäre das alles nicht."

„Nun, daß er getrunken hat, sollten Sie ihm nicht gerade zum Vorwurf machen. Schließlich war Ihr Mann krank, und er hat ja nicht zum Vergnügen getrunken. Wenn er gekonnt hätte, wäre er sicher liebend gerne beim normalen Trinken geblieben. Und glauben Sie doch nur nicht, daß ihm das Abstinentsein schmeckt. Viele sagen, wenn es eine Möglichkeit gäbe, wieder normal zu trinken, würden sie es sofort wieder tun. Aber es geht eben nicht, und darum muß auch Ihr Mann abstinent leben."

„Ja, so uneinsichtig bin ich ja gar nicht. Ich bin ja froh, daß endlich alles vorüber ist. Aber daß er sich immer so wichtig nimmt, das ärgert mich."

„Ich gebe Ihnen recht, daß es für einen Alkoholiker sehr bequem sein kann, nur noch mit seiner Abstinenz zu operieren und alles danach auszurichten. Dahinter kann sich natürlich sehr leicht die typische Alkoholikerhaltung verbergen, sich so bequem wie möglich durchs Leben zu mogeln und nur noch das zu tun, was man mag. Mag man etwas nicht tun, dann ist das mit der Abstinenz nicht vereinbar, und dann hat man eine prima Ausrede, es nicht tun zu müssen. Ich weiß natürlich nicht, ob es sich bei Ihrem Mann genauso verhält."

„Und ob es sich bei dem so verhält. Das ist es doch, was mich so ärgert. Aber ich sag's ihm dann auch. Ich knall es ihm dann ins Gesicht, daß er sich schon wieder wie früher in seiner nassen Zeit verhält. Das ärgert ihn dann. Es ist ihm nämlich sehr wichtig, nicht mehr so wie früher zu sein."

„Das ist sehr gefährlich, was Sie da machen. Damit können Sie glatt einen Rückfall herbeireden. Sie verletzen ihn damit stark und verunsichern ihn zugleich. Wenn Sie das lange genug machen, kann es durchaus sein, daß er dann plötzlich wieder trinkt. Sei es aus Verärgerung, oder um es Ihnen wieder heimzuzahlen. Wenn Sie nicht wollen, daß er wieder trinkt, sollten Sie ihn eher darin unterstützen, seine positiven Verhaltensweisen weiterzuentwickeln."

„Das will ich natürlich nicht, daß er wieder rückfällig wird. Aber es ärgert mich einfach so, und dann muß ich ihn eben wieder runterholen von seinem hohen Roß."

„Nun, wenn sich Ihr Mann so offensichtlich falsch verhält und er die Wichtigkeit seiner Abstinenz dazu benützt, sich vor unangenehmen Aufgaben zu drücken, ist es schon richtig, wenn Sie ihn darauf aufmerksam machen. Es ist auch wichtig für ihn, zu bemerken, wenn er schon wieder auf dem hohen Roß sitzt. Aber es kommt doch darauf an, wie Sie es ihm sagen. Sie können ihm durchaus mitteilen, wie Sie sein Verhalten empfinden und welche Vermutung Sie haben, daß er sich nämlich nur drücken will. Und wenn es ihm tatsächlich so wichtig ist, nicht mehr so wie früher zu sein, dann wird ihn das schon nachdenklich stimmen."

„Ja, vielleicht wäre es besser, wenn ich es so machen würde. Wenn nur mein Zorn nicht immer so schnell wäre."

„Ich hatte vorhin den Eindruck, daß Sie es noch nicht so richtig akzeptiert haben, daß Alkoholismus eine Krankheit ist. Solange Sie aber Alkoholismus als eine lasche Verhaltensweise ansehen, gegen die der Alkoholkranke nur nichts tun will, sind Sie immer in Gefahr, sich an Ihrem Mann zu ärgern. Diese Bequemlichkeitshaltung, die hinter der Krankheit steckt, ist doch auch nur ein Schutz. Wenn der Erkrankte mutig genug wäre, sein Leben anzupacken, dann brauchte er die Bequemlichkeit nicht. Denn im Grunde drückt er sich doch nur vor Problemen und Schwierigkeiten, weil er Angst davor hat, sie nicht bewältigen zu können. Und auch nach einer Kur können Sie noch nicht erwarten, daß Ihr Mann schon gleich alles kann. Er muß es erst lernen. Vielleicht versucht er gerade, seine innere Unsicherheit hinter seinem Großtun zu verbergen. Ihr Mann hat tatsächlich eine große Leistung vollbracht. Er hat sein Suchtverlangen besiegt und es geschafft, nicht mehr zu trinken. Das erfordert bei manchen tatsächlich alle Kraft. Aber es ist natürlich richtig, daß damit erst der Anfang gemacht ist. Das Nicht-mehr-Trinken ist lediglich die Voraussetzung dazu, die eigenen Einstellungen und Gefühle zu verändern. Doch Ihr Mann scheint ja, so wie Sie sagen, dabei zu sein, das zu tun. Seien Sie ein wenig geduldiger mit ihm und großzügiger. Solange er regelmäßig in die Gruppe geht, können Sie schon hoffen, daß er es noch lernt."

„Na gut, ich will bloß hoffen, daß alles so stimmt, wie Sie es sagen. Ich bin eben schon immer sehr ungeduldig gewesen. Ich weiß, das ist mein Fehler. Aber vielleicht lerne ich es auch noch, geduldiger zu werden. Sonst kann ich ja nicht über ihn klagen. Er ist schon wieder in Ordnung."

„Na also, versuchen Sie, es doch einfach von dieser Seite zu sehen. Vielleicht gelingt es Ihnen dann besser."

Wegen meiner Eltern gibt es immer wieder Streit zwischen uns

„Seit mein Mann von der Kur zurück ist, geht es uns eigentlich wieder ganz gut. Es ist ein ganz anderes Leben, seit er nicht mehr trinkt. Auch die Kinder haben ihren Vater wieder akzeptiert. Er gibt sich viel mit ihnen ab. Ich bin sehr zufrieden mit ihm."

„Das klingt ja gut, was Sie da sagen. Denn das ist nicht häufig, daß es nach der Therapie des Ehemannes so reibungslos wieder klappt. Zumeist kommt es anfänglich zu vielen Unsicherheiten und Spannungen, bis man sich wieder aneinander gewöhnt hat und man mit dem veränderten Partner zurechtkommt."

„Na ja, so ganz klar geht es bei uns auch nicht. Es ist nicht weiter schlimm, aber ... es ist wegen meiner Eltern. Mein Mann kann sie nicht leiden. Deswegen gibt es immer wieder Streit zwischen uns. Aber ich kann meine Eltern doch nicht einfach auf die Seite schieben, nur weil er das will."

„Wohnen Sie beieinander?"

„Nein, das nicht, aber wir wohnen im selben Haus. Er hat ja recht. Meine Eltern mischen sich schon manchmal ein, vor allem, wenn es um die Kinder geht. Sie haben da oft eben eine andere Meinung als er, und da regt er sich dann auf. Er meint, meine Eltern hätten uns nichts dreinzureden."

„Und was meinen Sie?"

„Ich finde das alles nicht so schlimm, wie er es sieht, und ich bin ja ganz froh über meine Eltern. Wenn wir mal fort wollen, kümmern sie sich um die Kinder, und auch sonst haben wir einige Vorteile. Sie stecken mir auch immer wieder Geld zu, und das können wir ganz gut gebrauchen. Vor allem in der ersten Zeit nach seiner Kur, als er arbeitslos war."

„Dagegen wäre sicher auch nichts einzuwenden, wenn Ihr Mann damit klarkäme, aber offensichtlich ist das doch ein ernsterer Streitpunkt, als Sie es sehen wollen."

„Ja, das ist schon richtig. Aber ich kann einfach meine Eltern jetzt nicht zurückstoßen, so wie er es will. Schließlich war ich in der Zeit, wo er getrunken hat, sehr auf sie angewiesen. Ich habe ja sonst niemand gehabt. Und ich weiß ja nicht, ob er nicht irgendwann wieder anfängt zu trinken. Es gibt schließlich so viele Rückfälle. Und was dann? Dann wären sie wieder recht. Nein, das kann ich nicht. Aber das will er einfach nicht verstehen."

„Sie sagen, Ihr Mann wolle, daß Sie Ihre Eltern zurückstoßen. Wie meint er das?"

„Er sagt, sie hätten in unserer Wohnung nichts verloren, und wenn sie nicht aufhören würden, sich ständig einzumischen, dann würde er ihnen die Wohnung verbieten. Er hat sogar schon gesagt, daß er lieber ausziehen würde, als weiter im Haus mit meinen Eltern zu wohnen. Das Haus gehört nämlich meinen Eltern, müssen Sie wissen, und das ist sehr günstig für uns, weil wir nur wenig Miete zahlen müssen."

„Wenn ich Sie recht verstehe, sind Sie mit Ausziehen nicht einverstanden?"

„Nein! Ich könnte nicht wegziehen, zumal meine Eltern sehr an unseren Kindern hängen."

„Da haben Sie ja einen ganz schönen Konflikt mit Ihrem Mann."

„Ja. Sonst kommen wir wieder ganz gut miteinander aus. Nur eben dies! Aber meinen Sie nicht auch, daß es unvernünftig wäre, wenn wir ausziehen würden? Er müßte sich halt mit meinen Eltern vertragen und sich auf sie einstellen, dann ginge das ganz gut."

„Ich weiß nicht, ob es so einfach ist, wie Sie es sehen wollen. Ihr Mann hat in seiner Therapie gelernt, seine eigenen Wünsche und Bedürfnisse durchzusetzen und, anstatt sich bestimmen zu lassen, sich jetzt selbst zu bestimmen. Ich kann mir schon vorstellen, daß er jetzt, wo er trocken ist und versucht, sein Leben selber und eigenständig zu gestalten, die Einmischung Ihrer Eltern als Bevormundung erlebt."

„Aber so schlimm ist das ja gar nicht. Er dramatisiert das alles doch nur."

„Kann es nicht sein, daß er spürt, daß Sie mehr zu Ihren Eltern halten als zu ihm?"

„Das wirft er mir immer wieder vor."

„Und, hat er recht?"

„Ach, wissen Sie, wenn ich ihm wieder ganz vertrauen könnte! Es stimmt ja, daß ich mich mehr nach meinen Eltern richte, aber wenn er es anders möchte, dann muß er mir auch mehr Sicherheit geben. Dann muß es klar sein, daß er nicht mehr trinkt."

„Haben Sie denn den Eindruck, daß er wieder trinken könnte?"

„Eigentlich nicht. Er ist ganz anders als früher. Früher gab es ja immer wieder Streit wegen meiner Eltern. Da ist er dann immer fortgerannt und hat getrunken. Das macht er jetzt nicht mehr ... Nein, ich glaube nicht, daß er wieder trinkt."

„Und trotzdem trauen Sie ihm nicht?"

„Ich weiß, das klingt komisch. Meine Eltern ... ich ... ich war halt noch nie weg von meinen Eltern."

„Das heißt, Sie haben die Ablösung von Ihren Eltern noch nicht geschafft?"

„Vielleicht ist es das. Im Angehörigenseminar in der Klinik haben wir darüber gesprochen. Da wurde mir auch gesagt, ich müßte mich ganz auf meinen Mann einstellen. Aber das ist so schwer. Ich möchte schließlich meinen Eltern nicht weh tun."

„Das ist verständlich. Aber bedenken Sie: Anders, so wie Sie es jetzt machen, tun Sie Ihrem Mann weh."

„Meinen Sie? Dann müßte er doch etwas deswegen sagen."

„Er sagt doch sehr viel. Er sagt Ihnen, daß ihm das mit Ihren Eltern nicht paßt. Und das wäre doch nicht so, wenn Sie in bezug auf Ihre Eltern mehr auf seiner Seite stehen würden. Sie haben vorhin gesagt, daß er in seiner Trinkzeit gerade wegen des Streits mit Ihren Eltern immer wieder trinken gegangen wäre. Kann es nicht sein, daß der Grund für sein Trinken gerade die Tatsache war, daß er gespürt hat, daß zwischen ihm und Ihnen immer Ihre Eltern gestanden haben?"

„Vorgeworfen hat er mir das oft."

„Dann sehen Sie, wie sehr ihm das weh getan hat und vermutlich immer noch weh tut. Es hat ihm so weh getan, daß er früher sich nicht anders zu helfen wußte, als eben zu trinken."

„Jetzt sagen Sie nur noch, ich wäre schuld an seinem Trinken."

„Das will ich damit nicht sagen. Ich will Ihnen nur die Zusammenhänge aufzeigen und Ihnen deutlich machen, wie wichtig es ist, daß Sie mit Ihrem Mann leben und nicht mit Ihren Eltern."

„Aber das mache ich doch."

„Ihr Mann scheint anderer Meinung zu sein. Sehen Sie: Eine Ehe heißt, daß die beiden, die sich geheiratet haben und miteinander leben, eine Einheit bilden und fortan ihre eigenen Wege gehen, in die die Eltern nichts mehr hineinzureden haben. In der Bibel steht ganz am Anfang, wo von der Ehe geredet wird: ,Darum wird ein Mann Vater und Mutter verlassen und seiner Frau anhangen.' Das gilt natürlich gleichermaßen auch für die Frau. Ohne das Verlassen der Eltern funktioniert eine Ehe nicht."

„Aber das war doch nicht möglich. Er hat doch getrunken."

„Ich weiß. Aber jetzt trinkt er nicht mehr."

„Sie meinen also, daß ich mit ihm ausziehen soll?"

„Das weiß ich nicht, ob das nötig ist. Das können Sie beide am besten selbst herausfinden. Ich weiß nur, daß Sie sich innerlich, gefühlsmäßig, von Ihren Eltern trennen müssen, wenn Sie wollen, daß Ihre Ehe zur Ehe wird, zu einer Gemeinschaft, zu einem Einssein. Sie haben nie die Sicherheit, daß Ihr Mann nicht mehr trinkt. Aber das Verhältnis zu Ihrem Mann wird mit Sicherheit kranken, wenn Sie das Wagnis nicht eingehen, sich ganz auf ihn einzulassen. Ihr Mann hat aufgehört zu trinken. Er hat damit die Voraussetzung geschaffen. Jetzt haben Sie beide die Chance, daraus etwas zu machen. Aber das heißt, daß auch Sie etwas ändern müssen."

„Aber meine Eltern ... sie sind doch meine Eltern!"

„Natürlich sind sie das, und es geht doch auch nicht darum, daß Sie sie zurückstoßen, wie Sie es bezeichnet haben. Es geht nur grundsätzlich darum, daß Sie Ihren Eltern klar machen: Unsere Ehe geht euch nichts an, aber selbstverständlich dürft ihr daran teilnehmen. Aber das ist etwas anderes. Wenn Ihre Eltern verständig sind, werden sie das auch akzeptieren können."

„Puh, das ist schwer. Vielleicht liegt es auch gar nicht so sehr an meinen Eltern. Vielleicht liegt es viel mehr an mir und meiner Angst. Ich muß jetzt einfach einmal darüber nachdenken."

„Ich glaube, Ihr Mann wird es Ihnen danken, wenn Ihr Nachdenken zu einer Änderung Ihrer Einstellung führt. Und wahrscheinlich wird sich auch sein Verhältnis zu Ihren Eltern ändern, wenn es zwischen Ihnen beiden stimmt. Vielleicht wird dann ein Ausziehen nie nötig. Aber ausziehen und finanzielle Einbußen hinnehmen ist immer noch besser als eine kaputte Ehe. Denn dafür zahlen Sie mit Lebensglück, und das ist mit nichts aufzuwiegen."

Ich habe Angst, die Kinder könnten auch Alkoholiker werden

„Mich treibt das schon eine ganze Zeitlang um, und ich muß unbedingt einmal mit Ihnen darüber sprechen. Ich habe Angst, meine Kinder werden auch zu Alkoholikern. Sie haben ja nichts Schönes durchgemacht in der Zeit, in der ihr Vater getrunken hat. Sie haben damals auch stark in ihren Schulleistungen nachgelassen. Das hat sich jetzt zum Glück wieder gemacht. Aber man hört ja so viel davon, daß die meisten Alkoholiker aus Familien stammen, wo einer Alkoholiker war, und nun möchte ich einfach einmal von Ihnen wissen, wie das ist, ob ich da wirklich Angst haben muß. Mit meinem Mann kann ich darüber nicht reden. Wenn ich auch nur von ferne dieses Thema anspreche, dann blockt er gleich ab."

„Das kann ich mir vorstellen, denn das ist nicht nur bei Ihrem Mann so. Das Thema Kinder und was bei ihnen kaputtgegangen sein könnte, löst soviel Angst aus, daß es praktisch totgeschwiegen wird. Ich denke, daß da jeder Alkoholiker eine Menge Schuldgefühle mit sich herumschleppt. Der Alkoholiker ist zwar krank und kann für diese Krankheit nichts, aber jeder weiß, daß er sich wesentlich früher in Behandlung hätte begeben können und er dadurch seiner Familie einiges erspart hätte. Da muß einer innerlich schon sehr weit sein, wenn er bereit wird, sich diesen Schuldgefühlen zu stellen und sie aufzuarbeiten."

„Das heißt also, daß ich da auch in nächster Zeit nichts von ihm erwarten kann?"

„Vermutlich ja. Darum will ich Ihnen gern Ihre Frage beantworten, vielleicht kann ich Ihnen etwas Angst nehmen. Zunächst einmal stimmt es, daß sehr viele Alkoholiker als Kinder in Alkoholikerfamilien aufgewachsen sind. In manchen Untersuchungen wird von siebzig Prozent gesprochen."

„Um Himmels willen, das ist aber viel! Wenn siebzig Prozent der Kinder Alkoholiker werden, dann haben meine ja nur eine ganz kleine Chance."

„Langsam, langsam. Sie dürfen diese Zahl bitte nicht mißverstehen. Es heißt nicht, daß siebzig Prozent der Kinder aus Alkoholikerfamilien auch zum Alkoholiker werden, sondern es heißt nur, daß von den Alkoholikern siebzig Prozent aus einer Familie kommen, in denen Vater oder Mutter Alkoholiker waren. Das ist ein Unterschied. Aber es ist richtig, die Gefahr ist groß, daß Kinder, die den Alkoholismus bei ihren Eltern miterlebt haben, mehr gefährdet sind als andere. Insofern sind Ihre Befürchtungen nicht unberechtigt."

„Also doch!"

„Ja. Aber Sie müssen diese Befürchtung auch nicht zu ernst nehmen. Es kommt doch ganz darauf an, wie lange Kinder unter der Trinkerei zu leiden hatten und ob sie auch miterleben konnten, daß der Vater oder die Mutter es geschafft haben, vom Alkohol loszukommen. Wenn es nachher in der Familie einigermaßen harmonisch weitergeht, dann können sich auch die Kinder erholen und von den Eltern lernen, wie sich Fehlverhalten auswirkt. Es gibt eine ganze Reihe von Kindern, die mit ihren Eltern abstinent sind und gar nicht angefangen haben, Alkohol zu trinken."

„Aber wie kommt es dann, daß trotzdem so viele zu Alkoholikern werden?"

„Nun, das liegt daran, daß Kinder in Familien, in denen der eine Elternteil trinkt, zum Teil schweren seelischen Schädigungen ausgesetzt sind. Sie erfahren viel Angst und Unsicherheit, sie fühlen sich von den Kameraden abgelehnt, und sie können wenig Selbstvertrauen entwickeln. Das führt mit der Zeit zu Minderwertigkeitsgefühlen. Dann sind sie in einem Wechselbad von Angeschrieenwerden und Verwöhnung. Denn der Alkoholiker hat ja schon während seiner Trinkzeit Schuldgefühle den Kindern gegenüber und will durch Verwöhnung irgend etwas wiedergutmachen."

„Ja, das stimmt ..."

„Dann haben sie keine Möglichkeit, sich die Eltern als Vorbild zu nehmen, und werden von dem nichttrinkenden Elternteil oft vereinnahmt. Das alles wirkt sich nicht gerade günstig auf die seelische Entwicklung des Kindes aus. Dazu kommt, daß die Kinder meist die Schwächen ihrer Eltern haben, weil sie nichts anderes lernen konnten. Woher sollen Kinder beispielsweise wissen, wie man mit

Konflikten umgeht, wenn der Vater jedem Konflikt aus dem Weg geht und lieber trinkt? Kinder bekommen natürlich mit, daß man durch Alkoholtrinken auf bequeme Weise sich vor Schwierigkeiten drücken kann. Und wenn dann die Familiensituation weiterhin bedrückend für die Kinder bleibt, dann kann es schon sein, daß auch sie den Ausweg durch Trinken suchen, so wie sie es bei dem Vater oder der Mutter erleben. Oft ist es auch ein Protest gegen das elterliche Verhalten."

„Dann kommt also alles darauf an, daß die Familienverhältnisse wieder in Ordnung kommen?"

„Eine letzte Sicherheit haben Sie natürlich nie, wie Ihre Kinder sich weiterentwickeln werden. Aber wieder geordnete Verhältnisse tragen wesentlich dazu bei, daß auch die Kinder wieder Tritt fassen. Es ist darum nicht gleichgültig, wie es nach einer Therapie weitergeht. Wenn es auch anfangs schwer ist, wieder zueinander zu finden und wieder Vertrauen zueinander zu fassen – zumindest wenn man Kinder hat, ist man verpflichtet, die Ehe wieder in Ordnung zu bringen."

„Ja, das leuchtet mir eigentlich ein."

„Darum ist es auch wichtig, daß Sie von Ihrer Angst loskommen. Denn solange Sie Angst haben, haben Sie auch unterdrückte Vorwürfe gegen Ihren Mann, und das ist für das Gesunden der Ehe sehr hinderlich."

„Das ist leichter gesagt als getan."

„Ich weiß. Aber es ist doch so, daß die Gefahr, daß Ihre Kinder zu Alkoholikern werden, so groß auch wieder nicht ist. Meist steigert man sich in etwas hinein, was gar nicht nötig ist. Bringen Sie Ihren Kindern Liebe und Verständnis entgegen und tragen Sie mit dazu bei, daß bei Ihnen alles wieder in Ordnung kommt, dann können Sie wegen Ihrer Kinder ganz bestimmt beruhigt sein."

„Naja, vielleicht haben Sie recht. Mein Mann versteht sich schon wieder ganz gut mit ihnen. – Aber da wir schon dabei sind, da hätte ich noch eine Frage. Man hört auch so viel davon, daß durch Alkohol Kinder körperlich geschädigt werden. Wie verhält es sich denn damit?"

„Dabei handelt es sich um Schädigungen, die gewöhnlich im Mutterleib auftreten. Allerdings hat man bei Männern noch keinen schlüssigen Beweis dafür gefunden, daß eine Zeugung unter Alkoholeinfluß das Kind geschädigt hat. Anders verhält es sich bei Müttern, die trinken. Da kann es zu eindeutigen Mißbildungen des Embryos kommen, wenn die Mutter während der Schwangerschaft trinkt. Aber diese Mißbildungen sind gleich nach der Geburt sichtbar und machen sich weiter in den nächsten Lebensjahren des Kindes bemerkbar. Wenn Sie an Ihren Kindern keine Schädigungen feststellen, dann können Sie beruhigt sein."

„Nein, Gott sei Dank nicht. – Ich glaube, ich bin nun doch ein bißchen ruhiger geworden. Vielen Dank."

Unsere Kinder lehnen ihren Vater total ab

„Ich wollte einmal mit Ihnen sprechen, weil ich nicht weiß, wie ich mich verhalten soll. Unsere Kinder lehnen ihren Vater total ab. Er ist ja, wie Sie wissen, schon einige Zeit aus seiner Kur zurück. Ich habe gedacht, das macht sich wieder, aber in letzter Zeit wird es immer schlimmer. Ich kann sie ja verstehen. Sie haben ihren Vater nicht gut erlebt. Er war in seiner Trinkzeit launisch und wechselhaft, war einmal nett zu ihnen und hat ihnen alles versprochen, gleich danach hat er sie angebrüllt und wegen Nichtigkeiten geschlagen. Und seine Versprechungen hat er natürlich immer großartig vergessen. Sein Trinken war ihm immer wichtiger als seine Kinder. Anfangs haben sie ja noch versucht, zu ihm zu halten und ihm zu helfen, aber als er dann immer häufiger gegen mich ging und auch anfing, mich zu schlagen, da haben sie sich von ihm abgewandt. Sie haben angefangen, ihn zu verachten. Na ja, sie haben ihn, wenn er nicht gebrüllt hat, ja meistens nur hilflos und schwach erlebt. Sie haben mit mir gelernt, für ihn zu lügen und ihn zu decken. – Ich weiß, das war auch nicht richtig von mir, aber ich kann es nun nicht mehr ändern. Und dann sind wir immer weniger fortgekommen. Mit ihm konnte man ja nirgends hingehen, ohne sich zu blamieren. Das haben die Kinder auch gespürt. Ihre Freunde haben sich von ihnen abgewandt, und in der Schule sind sie immer schlechter geworden. Das können sie nicht mehr vergessen. Und dann ist er aus seiner Kur zurückgekommen und fing an, an seinen Kindern herumzukommandieren. Aber die lassen sich das nicht mehr gefallen. Der hat nicht bemerkt, daß die inzwischen erwachsen geworden sind. Das hat er ja auch nicht mitgekriegt in der Zeit, in der er getrunken hat ..."

„Sie sind mit einer Frage zu mir gekommen ..."

„Ach so, ja. Ich wollte Sie fragen, wie das denn in anderen Familien so ist."

„Zum Glück ist es nicht häufig so kraß, wie Sie es geschildert haben. Die allermeisten Kinder haben zu ihrem Vater ein gutes Verhältnis bewahrt, haben sogar Mitleid mit ihm gehabt und kommen dann, wenn er nicht mehr trinkt, wieder ganz gut mit ihm aus."

„Ach, und ich habe gedacht, Sie könnten mir jetzt sagen, wie andere Frauen sich ihrem Mann gegenüber verhalten ..."

„Wo genau liegt denn Ihr Problem?"

„Ich weiß nicht so recht, wie ich es ausdrücken soll, aber ... es ist nämlich so: Es ist doch ganz klar, daß in der Zeit, wo er getrunken hat, die Kinder sich ganz eng an mich angeschlossen haben ..."

„Und ich vermute, daß auch Sie eine enge Bindung mit Ihren Kinder eingegangen sind."

„Ja, das stimmt, was hätte ich denn machen sollen? Ich hatte ja sonst niemand mehr, an den ich mich wenden konnte. Je mehr er getrunken hat, desto mehr haben wir uns aneinandergeklammert. Das ist doch in so einer Situation ganz natürlich, oder ...?"

„Es ist zwar sicher kein normales Verhalten, aber wie Sie sagen, in einer solchen Situation natürlich. Doch Sie wollten mir Ihr Problem schildern."

„Ja, das Problem, das ist einfach das, daß ich jetzt nicht weiß, wie ich mich verhalten soll. Soll ich mich wieder ganz auf meinen Mann einlassen ... kann ich das überhaupt, und verliere ich dadurch dann nicht meine Kinder? Ich meine, wenn sie merken, daß ich nun wieder zu ihrem Vater halte, dann könnten sie sich doch von mir auch abwenden? Und wenn er wieder rückfällig wird, dann stehe ich ganz allein da."

„Nun, zunächst einmal haben Sie gar keine große Alternative. Ihre Kinder sind erwachsen, sagen Sie. Dann dauert es sowieso nicht mehr lange, bis sie das Elternhaus verlassen und ihre eigenen Wege gehen. Und dann sind Sie so oder so auf Ihren Mann angewiesen. Und zum anderen haben Sie schließlich Ihren Mann geheiratet. Sie gehören mit ihm zusammen. Das ist doch ganz normal, wenn Sie jetzt, wo er seine Therapie hinter sich hat und sich wieder normal verhält, auch die Gemeinschaft wieder mit ihm aufnehmen. Sie gehören viel mehr mit Ihrem Mann zusammen als mit Ihren Kindern. Für Kinder ist es sogar wichtig, daß die Bindung an die Eltern oder einen Elternteil nicht so groß ist oder, wie in Ihrem

Fall, sich lockert, damit sie sich von zu Hause ablösen und ihr eigenes Leben aufbauen können."

„Ja, das stimmt ja alles, aber ich möchte sie doch nicht ganz verlieren."

„Ich glaube auch nicht, daß Sie das tun. Sicher, für Ihre Kinder ist es schon eine Veränderung, wenn sie erleben müssen, daß Sie nun wieder mit dem Vater in eine engere Gemeinschaft eintreten. Sie erleben das schon als eine Einbuße der Mutter. Wahrscheinlich erhalten sie dadurch automatisch auch nicht mehr so viel Zuwendung wie früher. Sie stellen auch fest, daß sie nicht mehr so viel wie vorher durchsetzen können."

„Ja, das meine ich doch. Es geht doch nicht gut."

„Ich glaube, daß das nur eine Übergangszeit ist. Die Kinder merken ja auch schnell, daß das Familienleben sich wieder normalisiert, und stellen sich darauf ein."

„Da muß mein Mann aber auch einiges dazu beitragen."

„Sicher, aber Sie müssen auch ihn verstehen. Er hat ja die gleichen Probleme. Er weiß ja um seine Vergangenheit und ist deswegen unsicher. Seine Kinder sind ihm fremd geworden. Er weiß nicht mehr, wie er mit ihnen umgehen soll. Wenn er jetzt an ihnen herumerzieht, dann kann es durchaus sein, daß er damit wieder etwas gutmachen will ..."

„... als ob er das noch könnte!"

„Ja, das ist richtig. Aber das muß er auch erst begreifen, und vor allem muß er sein schlechtes Gewissen ertragen lernen. – Aber ich wollte Ihnen noch etwas sagen: Ihr Mann lebt doch auch in der Unsicherheit, ob Sie sich ihm wieder zuwenden, oder ob Sie die Gemeinschaft mit den Kindern gegen ihn beibehalten."

„Aber das tue ich doch gar nicht ..."

„Nun, so ganz haben Sie diese Gemeinschaft aber noch nicht aufgegeben. Als Sie von Ihren Kindern berichteten, haben Sie ganz schön auf deren Seite gestanden."

„Aber das muß ich doch. Es ist doch wahr, was ich gesagt habe. Ich kann jetzt nicht so tun, als ob nie etwas gewesen wäre. Das geht doch nicht."

„Ich wollte Ihnen nur deutlich machen, daß es zumindest ein wenig noch so ist und daß das Ihren Mann verunsichern muß."

„Sie meinen also, daß sich das ändern muß?"

„Ja, ich habe ja bereits versucht, es Ihnen deutlich zu machen. Es ist einfach wichtig, daß Sie und Ihr Mann wieder zusammenfinden, denn sonst gibt es bald erneut Störungen in Ihrer Familie. Entweder trinkt Ihr Mann wieder, oder er bricht aus der Familie aus, oder Ihre Kinder entwickeln sich weiter falsch. Auf jeden Fall wird es auf Dauer nicht gut gehen."

„Und meine Kinder? Wie sollen nun die sich ihrem Vater gegenüber verhalten?"

„Die werden auch ihr Verhältnis zum Vater neu bestimmen müssen. Auf alle Fälle ist das Sache Ihres Mannes, mit seinen Kindern wieder klarzukommen. Das müssen Sie ihm überlassen. Sie können nur dazu beitragen, daß den Kindern ganz klar wird, daß der Vater krank war. Denn das kann ihnen helfen, auch ihre Ablehnung dem Vater gegenüber langsam wieder zu überwinden."

Bei uns stimmt in sexueller Beziehung gar nichts mehr

„Sie haben neulich in der Gruppe davon gesprochen, daß auch die sexuelle Beziehung wieder in Ordnung kommen müsse. Bei uns stimmt da gar nichts mehr. Ich kann mit meinem Mann nicht mehr schlafen. Wenn er mich nur berühren will, dann erstarre ich. Zum Glück kann er selber nicht mehr, er ist meistens schlaff."

„Sie sagen, daß bei Ihnen gar nichts mehr stimmt. War das schon immer so?"

„Nein, am Anfang unserer Ehe klappte es ganz gut zwischen uns. Aber dann hat er immer mehr getrunken und sich unheimlich verändert. Mit der Zeit habe ich einen richtigen Ekel vor Sex bekommen."

„Aber jetzt ist er doch wieder anders?"

„Ja, das stimmt. Er gibt sich auch wieder viel Mühe, aber das, was er mir alles angetan hat, läßt sich nicht so schnell vergessen. Ich weiß nicht, ob ich mich überhaupt noch einmal von ihm berühren lassen kann."

„Ich kann mir schon denken, daß Sie Schlimmes durchgemacht haben, aber wie stellen Sie sich Ihre weitere Ehe vor, wenn Sie sich sexuell enthalten wollen? Das geht in der Regel nicht gut. Irgendwann wird es bei Ihrem Mann zu Aggressionen kommen, vielleicht bricht er aus der Ehe aus und sucht seine Befriedigung außerhalb. Und das würde Ihnen bestimmt auch nicht gefallen. Viel schlimmer aber ist, daß mit der Zeit zwischen Ihnen eine Wand wachsen kann, eine Wand aus Enttäuschung und Resignation, die immer undurchdringlicher wird und Ihre Ehe unmerklich aber langsam entzweit. Und irgendwann stellen Sie fest, daß nichts mehr zwischen Ihnen ist, daß Sie nur noch nebeneinander herleben."

„Das kann alles sein, aber das schreckt mich im Moment nicht. Ich kann einfach nicht mehr. Ich weiß auch nicht, ob Sie sich wirklich denken können, was ich alles durchgemacht habe. Aber ich will es Ihnen sagen. Können Sie sich vorstellen, wie das ist, wenn man in panischer Angst vor dem Abend lebt und das Heimkommen seines Mannes fürchtet? Meistens kam er sehr spät, wenn ich schon geschlafen hatte, stark betrunken und stank fürchterlich. Er hat sich ja immer mehr vernachlässigt. Und dann ging zuerst einmal der Krach los. Heute weiß ich, daß er ein schlechtes Gewissen hatte und zuerst einmal das loswerden mußte. Aber damals wußte ich das nicht. Sie glauben ja nicht, was der mich alles zusammengeheißen hat. Ich war eine Hure und Drecksau, dann war er wieder wahnsinnig eifersüchtig und wollte von mir wissen, mit wem ich geschlafen hätte. Mehr als einmal hat er versucht, mir den Hals zuzudrücken in seiner Wut. Und dann die Drohungen. Ich wußte ja nie, ob er einmal ernst machen würde. Und dann plötzlich wollte er mit mir schlafen. Anfangs habe ich mich geweigert. Dann hat er versucht, mich zu vergewaltigen. Mit der Zeit habe ich es über mich ergehen lassen. Ich wußte aus Erfahrung, daß ich sonst die ganze Nacht keine Ruhe mehr bekommen würde. Danach ist er dann meistens eingeschlafen. Richtig gekonnt hat er sowieso nie. Können Sie sich vorstellen, daß einem dadurch die Lust am Sex vergeht?"

„Doch ja, das kann ich."

„Und dann erzählen Sie mir, das müßte alles wieder werden ..."

„Ja, Sie haben recht. Ich habe es sicher leicht, so zu reden. Wenn man solch schlimme Erfahrungen hinter sich hat, sieht alles ganz anders aus. Und trotzdem stimmt, was ich Ihnen gesagt habe. Wenn Sie sich Ihrem Mann sexuell verweigern, gefährden Sie dadurch Ihre Ehe. Es bleibt Ihnen darum gar nichts anderes übrig, als eine Lösung dieses Problems zu finden."

„Aber wie soll die aussehen?"

„Ich weiß es auch nicht. Ich kann nur versuchen, Ihnen einige Hinweise zu geben, die Ihnen vielleicht helfen können, über das Vergangene hinwegzukommen und einen neuen Anfang mit Ihrem Mann zu finden. Zunächst einmal müssen Sie sich im klaren sein, daß die Unfähigkeit Ihres Mannes vorübergeht. Wenn er erst einmal eine Zeitlang trocken ist, macht sich das wieder. Dann wird sein Verlangen auch wieder drängender werden. Aber vielleicht ist er dann auch wieder fähiger, zärtlich zu Ihnen zu sein, und dann können vielleicht auch Sie sich besser überwinden."

„Da bin ich mir noch nicht so sicher. Ich traue ihm noch nicht.

Ich kann einfach nicht glauben, daß er jetzt, nur weil er eine Kur gemacht hat, anders sein soll. Da war das Vorausgegangene alles viel zu lang. Da will ich erst einmal abwarten. Klar, er gibt sich wieder Mühe, wie schon gesagt, aber eine Schwalbe macht noch keinen Sommer."

„In diesem Punkt gebe ich Ihnen recht. Wenn ein Vertrauensverhältnis erst einmal so gründlich gestört wurde, dauert es auch längere Zeit, bis sich neues Vertrauen wieder bilden kann, wenn überhaupt. Es wird auch sehr viel an Ihrem Mann liegen, wieviel Verständnis er für Sie aufbringt, und ob er bereit ist, Ihnen diese Zeit einzuräumen. Das setzt aber auch voraus, daß Sie nicht nur abwarten, sondern viel miteinander reden. Sie sollten Ihrem Mann durchaus sagen können, wie Sie das alles erlebt haben, damit auch er Ihre Reaktionen besser verstehen kann. Wenn Ihr Mann Sie liebt, wird er das einsehen und warten können. Wichtig ist aber, daß auch Sie bereit sind, ihm wieder zu vertrauen, daß Sie beide bereit werden, sich wieder füreinander zu öffnen. Wissen Sie, Liebe ist eine starke Macht. Liebe kann auch eine schlimme Vergangenheit überwinden und Wunden heilen. Es kommt nur darauf an, ob Sie überhaupt wollen."

„Wie meinen Sie das mit dem Wollen?"

„Ich meine, wenn Sie mit Ihrem Mann wieder ins reine kommen wollen, das heißt, wenn Ihnen das ein Bedürfnis ist, wenn Ihnen wirklich daran liegt, dann werden Sie merken, daß Sie sich immer mehr überwinden und das Vergangene vergessen können."

„Na ja, das will ich schon. Schon auch wegen der Kinder. Es ist doch wichtig ..."

„Und dazu gehört eben auch der Sex."

„Sie meinen also, daß das wieder werden kann?"

„Ja, wenn Sie, wie gesagt, viel miteinander darüber reden und sich beide darum bemühen."

„Na ja, vielleicht wird es wirklich wieder."

Ich finde es ungerecht, daß ihm so viel geholfen wird und uns Angehörigen nicht

„... und das will ich Ihnen auch einmal sagen, daß ich sehr unzufrieden damit bin, daß den Alkoholikern dauernd geholfen wird, aber uns Angehörigen nicht. Die können ein halbes Jahr in Kur gehen, und dort bemühen sich eine Menge Leute um sie, und wir bleiben zu Hause und können sehen, wie wir mit den Trümmern fertigwerden. Wir haben jahrelang die schlimmsten Zustände mitgemacht und ausgehalten, aber da kümmert sich niemand darum. Und jetzt gehen sie wieder in die Gruppe, führen das große Wort, und alles dreht sich wieder um sie."

„Ja sind Sie denn nicht froh, daß Ihr Mann endlich vom Alkohol weg ist und wieder ein normales Leben führt?"

„Klar bin ich das, und ich hoffe auch, daß es nie mehr so weit kommt. Ich freue mich auch, daß er in die Gruppe geht, und darum komme ich ja mit, aber trotzdem ... Irgendwie finde ich es ungerecht, daß ausgerechnet dem, der soviel Leid angerichtet hat, geholfen wird, und uns Angehörigen nicht."

„Aber Sie können doch auch in die Gruppe gehen, und Sie können jederzeit zu mir zum Gespräch kommen. Sie konnten in die Klinik zum Angehörigenseminar gehen, und es gibt doch noch eine Menge Dinge, die auch für Sie getan werden."

„Das ist ja alles richtig, und ich weiß, ich müßte auch zufrieden sein, daß jetzt alles anders ist als früher. Wahrscheinlich ist es blöde, daß ich mich beklage ... Sie haben schon recht."

„Ich glaube nicht, daß es blöde ist. Denn mit irgend etwas sind Sie ja unzufrieden, sonst könnten Sie so nicht reagieren. Vielleicht machen Sie Ihre Unzufriedenheit nur an diesen äußerlichen Dingen fest, und es ist in Wirklichkeit etwas ganz anderes, was Sie so reagieren läßt."

„Aber was könnte das sein?"

„Versuchen Sie doch einmal ganz stark, Ihre Unzufriedenheit zu fühlen."

„Sie meinen ... ja, ich glaube, ich hab's; ich bin verletzt. Ich bin immer noch nicht darüber hinweg, was er mir und den Kindern alles angetan hat. Wenn ich daran denke, tut es so richtig weh. Es war einfach zu viel. Das ist noch nicht ausgeheilt. Ich hatte mir mein Leben schon anders vorgestellt und hätte meinen Kindern einen anderen Vater gewünscht. Darüber komme ich einfach nicht weg. Und wenn ich dann sehe, daß für ihn jetzt wieder alles in Ordnung ist, dann ...“

„... dann kommt die ganze Wut auf ihn und das Verletztsein wieder hoch.“

„Ja, genau so ist es. – Läßt sich daran überhaupt etwas ändern?“

„Ich denke schon. Aber es setzt voraus, daß Sie dazu willens sind. Zunächst einmal besteht doch die Tatsache, daß Sie Ihren Mann geheiratet haben und er damit zum Vater Ihrer Kinder wurde. Sie hätten theoretisch auch einen anderen heiraten können.“

„Aber ich habe doch damals nicht gewußt, daß er mal Alkoholiker wird.“

„Seien Sie einmal ehrlich: Hätten Sie ihn nicht auch geheiratet, wenn Sie es gewußt hätten?“

„Vielleicht doch. Es kann schon sein. Er ist ja nicht schlecht. Das merke ich gerade jetzt, wo er nicht mehr trinkt. Und auch vorher, ehe er so viel getrunken hat, war es ja ganz gut zwischen uns.“

„Na also!“

„Heißt das, daß ich daran mitschuldig bin, daß alles so geworden ist?“

„Nein, das heißt es ganz sicher nicht. Ich wollte Ihnen damit nur deutlich machen, daß es auch kein Zufall ist, daß Ihr Leben eben so verlaufen ist. Sie haben sich sicher Ihren Mann herausgesucht, weil Sie sich zu ihm hingezogen fühlten. Und etwas war wohl an ihm, was das verursacht hat. Habe ich unrecht, wenn ich vermute, daß er so ein wenig wie ein großes Kind war und in manchen Dingen hilflos wirkte, worauf Sie nur zu sehr angesprungen sind?“

„Wenn ich so darüber nachdenke, ist da schon was dran. So ganz unrecht haben Sie nicht. Aber was hat das damit zu tun, daß dann alles so schlimm gekommen ist?“

„Nun, solche Männer haben oft auch eine Neigung zum Alkohol, weil sie sich durch Alkoholtrinken stärker fühlen und sie damit der Abhängigkeit vom Partner entgehen wollen – um den Preis, daß sie sich nur um so stärker vom Alkohol abhängig machen."

„Das kann ja nun bei meinem Mann so sein, da heißt, es ist ja wohl so bei ihm. Aber das, was Sie sagen, leuchtet mir trotzdem nicht ganz ein. Wenn ich einen anderen Mann genommen hätte, wäre sicher alles anders verlaufen."

„Vielleicht. Vielleicht auch nicht. Ich finde es nämlich erstaunlich, daß manche Frauen, die mit einem Alkoholiker verheiratet gewesen sind, der dann entweder gestorben ist oder von dem sie sich haben scheiden lassen, dann wieder an einen Alkoholiker geraten sind. Ich kenne Beispiele, wo Frauen auch beim dritten Mal wieder einen Alkoholiker geheiratet haben. Das ist doch sicher kein Zufall."

„Das verstehe ich nicht. Mir jedenfalls könnte das nicht nochmals passieren."

„Seien Sie sich da nicht so sicher. Diese Beispiele zeigen doch, daß Alkoholiker, wenn sie nicht oder noch nicht trinken, etwas an sich haben, das manche Frauen anzieht. Es ist oft der Typ Partner, zu dem man sich am meisten hingezogen fühlt."

„Mit anderen Worten: Ich brauche mich gar nicht zu beklagen, denn ich bin ja selber schuld, daß ich einen Alkoholiker geheiratet habe. Das wollen Sie mir doch damit sagen?"

„Nun, so kraß, wie Sie es jetzt sehen, ganz sicher nicht. Es geht in dieser Sache doch nicht um Schuld. Mir geht es darum, daß Sie erkennen, daß Ihre Partnerwahl höchstwahrscheinlich kein Zufall war und Sie darum die Krankheit Ihres Mannes als etwas Dazugehöriges annehmen lernen. Und nachdem er jetzt trocken ist, fällt das ja sicher auch leichter als in seiner nassen Zeit."

„Nun ja, das ist schon richtig, aber ... Ich glaube, ich muß einfach einen Schlußstrich ziehen und alles vergessen, was war, und zufrieden damit sein, daß jetzt alles wieder gut ist."

„Das mit dem Schlußstrich kann schon sinnvoll sein, das Vergessenwollen sicher nicht. Denn damit verdrängen Sie Ihre verletzten Gefühle nur, bekommen sie aber nicht los. Und in einem Streit kommen sie dann wieder hoch, und Sie halten Ihrem Mann alles wieder vor."

„Aber einmal muß er es doch hören, was er uns angetan hat."

„Ja, ich glaube, es ist schon wichtig, daß Sie darüber miteinander sprechen können, weil es Ihren Mann um so stärker in seinem Willen machen kann, nie mehr zu trinken. Aber so miteinander zu sprechen ist nur möglich, wenn Sie nicht mehr verletzt sind. Denn solange Sie es sind, werden Sie nicht mit ihm sprechen, sondern ihn anklagen."

„Und wie werde ich meine verletzten Gefühle los?"

„Zum Beispiel, indem Sie sie Ihrem Mann um die Ohren schlagen, Sie sich also quasi an ihm rächen – und vermutlich damit alles kaputtmachen."

„Und weiter? Das kann doch nicht alles sein?"

„Ich weiß sonst nur noch einen Weg, nämlich den, daß Sie Ihrem Mann vergeben. Ohne sich gegenseitig immer wieder zu vergeben, ist auf Dauer kein Zusammenleben möglich. Ich weiß aus eigener Erfahrung, wie schwer es immer wieder fällt, zu vergeben, wenn man verletzt ist. Doch ohne Vergebung findet man nicht mehr zusammen und entfernt sich immer mehr voneinander."

„Dann soll ich ihm also alles, was gewesen ist, vergeben?"

„Wissen Sie eine andere Möglichkeit? Er kann es schließlich nicht mehr ungeschehen machen. Ihr Mann muß ja auch lernen, damit fertigzuwerden. Und wie soll er das, wenn Sie ihm nicht vergeben und einen Schlußstrich unter die Vergangenheit ziehen?"

„Aber das ist schon sehr schwer."

„Richtig. Aber Sie werden dabei merken, daß auch Sie Ihren Frieden finden. Und erst dann kann sich die Beziehung zu Ihrem Mann neu gestalten. Anders geht es nicht, wenn Ihnen wieder daran liegt, mit ihm glücklich zu werden. Versuchen Sie doch, durch Vergebung einen Neuanfang mit ihm zu machen."

„Ich denke, ich muß es wohl versuchen. Ich hoffe, daß ich es kann."

Ich kann doch nicht einfach unter die Vergangenheit einen Strich ziehen

„Ich weiß überhaupt nicht mehr, was richtig ist. Mir macht all das, was gewesen ist, noch so zu schaffen. Ich bin einfach noch nicht fertig damit. Aber jedesmal, wenn ich versuchen will, mit meinem Mann darüber zu reden, macht er zu und blockt ab. Er will über seine Vergangenheit einfach nicht mehr reden. Er sagt dann auch, unter die Vergangenheit müsse man einen Strich ziehen können. Und dann haben mir einige andere Frauen aus der Gruppe gesagt, daß das richtig sei. Ich solle ihn in Ruhe lassen und nicht mehr in der Vergangenheit herumwühlen. Es sei doch viel wichtiger, daß es jetzt gut geht. Ich versuche es ja auch, aber es geht nicht so richtig. Meinen Sie auch, daß ich unter die Vergangenheit einen Strich ziehen soll?"

„Ich weiß, daß das häufig so gesagt wird. Ich habe es sogar schon erlebt, daß eine Ehefrau, als wir das Thema ‚Vergangenheit' zum Gruppenthema machten, erklärte, daß sie und ihr Mann an diesem Abend nicht kommen würden, weil ihnen in der Klinik erklärt worden sei, die Vergangenheit in Ruhe zu lassen."

„Dann ist es also richtig ...?"

„So einfach läßt sich diese Frage nicht beantworten. Sie läßt sich auch nicht allgemein beantworten. Letztlich muß jedes Paar selber herausfinden und entscheiden, wie es sich diesem Problem gegenüber verhalten will."

„Ja, aber wie?"

„Zunächst einmal gibt es doch bei Ihnen zwei Tatsachen: Die eine ist, daß Ihr Mann nicht darüber reden will. Das deutet darauf hin, daß er schlimme Schuldgefühle wegen seiner Trinkzeit hat und damit noch nicht fertig ist. Und die andere Tatsache ist, daß Sie ebenfalls nicht damit fertig sind, aber darüber reden wollen."

„Ja, so ist es, aber ich weiß nicht, wie ich dieses Problem lösen soll. Irgendwie müssen wir doch einmal darüber reden, sonst ..."

„Das ist richtig. Ich bin sogar der Meinung, daß es für Ihre Ehe höchst gefährlich ist, dieses Problem nicht zu klären."

„Dann meinen Sie also, daß wir miteinander reden müßten?"

„Im Grunde ja. Es stimmt einfach nicht so, wie viele es sehen wollen. Es ist natürlich der bequemste Weg, die Vergangenheit einfach unter den Teppich zu kehren. Aber dort bleibt sie liegen. Man ist sie dadurch ja nicht los. Und das ist das Gefährliche daran. Aber weil es so eben doch am bequemsten ist, legen viele Alkoholiker dieses Wort vom ‚Strich unter die Vergangenheit' so aus, als ob sie einfach alles vergessen sollten. Dabei gibt es verschiedene Sprüche, die genau darauf den Finger legen. So heißt zum Beispiel einer: ‚Menschen, die sich nicht zu ihrer Vergangenheit bekennen mögen, mogeln sich durch die Gegenwart.' Oder ein anderer, den ich Ihnen nur sinngemäß zitieren kann: ‚Wer seine Vergangenheit nicht bewältigt, ist dazu verdammt, sie wiederzuerleben.' Hinter all diesen Sprüchen steckt eine Menge an Erfahrung."

„Dann habe ich also doch recht, wenn ich mit ihm darüber reden will ..."

„Natürlich haben Sie recht, und Sie spüren es auch völlig richtig, wenn es Sie drängt, darüber zu reden. Und trotzdem kann es unter Umständen falsch sein."

„Jetzt verstehe ich gar nichts mehr ..."

„Nun, die Aussage, daß man unter die Vergangenheit einen Strich ziehen soll, ist natürlich auch richtig. Ich glaube, es leuchtet Ihnen selber ein, daß Sie nur Schaden anrichten können, wenn Sie mit Ihrem Mann die Vergangenheit aufrechnen wollen und ihm endlich alles das sagen wollen, was sich in Ihnen aufgestaut hat, und was er bis jetzt nie hören wollte. So wichtig Sie es empfinden, er kann damit nichts mehr anfangen. Denn was war, das war. Er kann die Vergangenheit ja nicht mehr ändern, auch wenn er es wollte. Eine Aufrechnung erzeugt bei ihm nur unnötige Schuldgefühle, die für ihn unter Umständen so unerträglich werden können, daß er wieder trinkt. Und das ist ja nicht Sinn der Sache."

„Aber ich will ja gar nicht mit ihm abrechnen, wenn Sie das meinen; ich will doch nur mit ihm reden, weil es mich noch so sehr belastet."

„Ich habe das auch so bei Ihnen verstanden. Ich wollte Ihnen nur deutlich machen, warum es auch durchaus sinnvoll ist, die Vergangenheit in Ruhe zu lassen. Und wenn Sie das richtig begriffen haben, dann wissen Sie auch, was Sie bei einem Gespräch mit Ihrem Mann unter gar keinen Umständen tun dürfen. So schlimm es gewesen sein mag, diese Größe müssen Sie aufbringen, es in Ruhe zu lassen. Es ist sehr wichtig, daß Sie es lernen, Ihrem Mann all das Schlimme zu vergeben, weil er nur so wieder heil werden kann. Denn auch er muß ja verkraften lernen, was er alles getan hat. Auch er muß lernen, es sich selber zu vergeben, sonst kommt er nie zu einer zufriedenen Nüchternheit. Und da kann ihm Ihre Vergebung eine große Hilfe sein. Denken Sie doch einmal darüber nach, ob nicht doch noch Vorwürfe in dem sind, was Sie mit ihm besprechen wollen."

„Ja, so ein paar, das kann schon sein."

„Ich vermute es auch, denn so von ungefähr kommt es sicher nicht, daß sich Ihr Mann so gegen dieses Gespräch sperrt. Wahrscheinlich spürt und vermutet er, daß da einiges Unangenehme auf ihn zukommt, mit dem er im Moment einfach nicht fertigwerden kann. Darum macht er lieber dicht."

„Soll ich dann doch besser die ganze Sache in Ruhe lassen?"

„Es ist möglich, daß ein solches Gespräch im Moment für Ihren Mann noch zu früh kommt. Es ist aber auch möglich, daß er fähiger wird, ein solches Gespräch zu führen, wenn Sie ihm vermitteln können, daß Sie ihn nicht verurteilen wollen, auch nicht mit ihm abrechnen, sondern daß es Ihnen einfach ein Bedürfnis ist, einmal über alles zu sprechen, damit es Ihnen leichter wird. Und wenn Sie ihm dabei mitteilen, daß Sie sich vorstellen können, wie es in ihm aussieht, und daß ein solches Gespräch doch auch ihm helfen kann, dann glaube ich schon, daß er zustimmen wird. Denn er spürt, glaube ich auch, daß es besser wäre, wenn er einmal über alles reden könnte, und er damit diese elende Last los wird. Ermutigen Sie ihn dazu, und drängen Sie ihn nicht."

„Vielen Dank. Ich denke, das hat mir jetzt doch weitergeholfen."

Ich fühle mich immer unsicherer,
ob ich mich richtig verhalte

„Ich möchte mit Ihnen sprechen, weil ich mich in letzter Zeit immer unsicherer fühle, ob ich mich richtig verhalte. Ich weiß einfach nicht mehr, was richtig oder falsch ist. Mache ich es so, oder müßte ich es anders machen. In der Klinik hat man mir beigebracht, daß ich mich ändern müßte, in der Gruppe hört man dies und jenes, und so langsam weiß ich gar nichts mehr. Ich bin nur noch schrecklich verunsichert. Ist denn das noch normal?"

„Nun, es ist zumindest nicht unnormal. Ich erlebe das häufig, daß der Partner von Alkoholkranken etwas aus dem Gleichgewicht gerät, wenn der Alkoholkranke endlich aufgehört hat mit Trinken und wieder ein normales Leben führt. Manche Partner werden sogar krank, weil sie mit der neuen Situation nicht mehr zurechtkommen. Viele werden depressiv."

„Ganz so schlimm ist es bei mir ja nun wohl nicht, aber es reicht gerade. Sie können mir glauben, daß das kein schöner Zustand ist. Früher, als er noch getrunken hat, war es ja oft hart, aber da wußte ich wenigstens immer, wie ich mich verhalten mußte. Aber jetzt ... Wissen Sie mir denn auch keinen Rat?"

„Ehe ich Ihnen etwas raten kann, müßte ich erst einmal Genaueres wissen. Sie haben die Situation bis jetzt ja nur umschrieben. Aus Ihren Andeutungen kann ich nicht entnehmen, wo Sie Schwierigkeiten haben."

„Sie meinen, ich soll Ihnen ein Beispiel sagen?"

„Ja, genau."

„Also ... ach, das ist so schwer zu sagen. Wenn ich jetzt so nachdenke, fällt mir einfach nichts ein. Das ist so mehr ein Gefühl, es ist so im allgemeinen."

„Aber Sie sagten doch anfangs, daß Sie nicht wissen, ob Sie sich richtig oder falsch verhalten. Dafür muß es doch einen konkreten Anlaß geben."

„Ja natürlich – und jetzt fällt mir auch etwas ein. Also, zum

Beispiel haben wir vor einiger Zeit in der Angehörigengruppe darüber gesprochen, daß man die Alkoholiker von Zeit zu Zeit loben
muß. Die anderen haben gesagt, daß die Alkoholiker das brauchen,
und man müsse da unbedingt darauf achten. Das leuchtet mir auch
ein, denn seit mein Mann aus der Kur wieder daheim ist, kümmert
er sich wirklich um vieles. Früher hat er gar nichts mehr gemacht
und nur noch getrunken. Aber jetzt, ich staune richtig …"

„Und darum meinen Sie, Sie müßten ihn dafür auch loben?"

„Ja, natürlich, wenn man die Alkoholiker loben soll. Also, denke ich, wenn er wieder einmal was gemacht hat, jetzt mußt du ihn
loben, und ich tue das auch. Und was denken Sie, was ich zur Antwort erhalte?"

„Ich weiß es nicht."

„Also, der sagt glatt zu mir, jetzt würde ich mich wieder wie eine
Mutter verhalten. Dann habe ich es wieder. Ich weiß es ja, im Eheseminar haben wir darüber gesprochen, daß ich mich ihm gegenüber oft wie seine Mutter verhalten hätte und das ändern müßte.
Ich versuche es ja auch, aber wenn ich ihn loben soll … ach, ich
weiß einfach nicht mehr weiter und was richtig ist. Soll ich ihn jetzt
loben oder soll ich es lieber bleibenlassen? Ist es nun richtig, was
ich mache, oder ist es falsch? Und so geht es in vielen Dingen. Deshalb bin ich doch da und suche Rat."

„Jetzt verstehe ich auch besser, was Sie meinen. Ihre Erwäh-
nung, daß man in der Gruppe gesagt habe, man müsse die Alkoholiker öfter loben, bringt mich auch auf eine Spur. Denn das ist mir
schon oft aufgefallen, daß Angehörige immer wieder meinen, mit
dem trockenen Alkoholiker müsse man dies oder das tun oder dür-
fe man dies oder jenes nicht tun. Viele behandeln ihn gerade, wie
wenn er ein rohes Ei wäre oder irgendein Wunderwesen, dem gegenüber man sich nicht normal verhalten darf."

„Genau so ist es. Irgend etwas hält mich davon ab, mich normal
zu verhalten. Und dann versuche ich es doch, und dann bekomme
ich von ihm wieder gesagt, daß ich mich falsch verhalte."

„Sie sagen, irgend etwas hält Sie davon ab, sich normal zu verhalten."

„Ja …"

„Und was ist dieses ‚irgend etwas'?"

„Ich weiß es nicht."

„Versuchen Sie doch einmal zu fühlen, was Sie abhält."

„Ich weiß es wirklich nicht. Vielleicht ist es einfach meine Unsicherheit."

„Unsicherheit wovor?"

„Ich meine, wenn ich mich anders verhalte, dann ..."

„Dann?"

„Ach, ich weiß es nicht."

„Sie haben doch vor irgend etwas Angst."

„Angst? Sie meinen, ich hätte davor Angst, er könnte wieder rückfällig werden?"

„Haben Sie diese Angst?"

„Ein bißchen schon ..."

„Nur ein bißchen?"

„Ja, Sie haben recht. Manchmal habe ich sogar eine ganz entsetzliche Angst. Ich versuche, nur nicht daran zu denken. Ich weiß ja, daß ich das nicht soll. Ich soll ja immer gelassen sein und darf ihm das nicht zeigen."

„Wer sagt das?"

„So wird doch immer gesagt. Irgendwer hat einmal gesagt, diese Angst könne sogar wieder den Rückfall provozieren."

„Das kann schon stimmen. Und trotzdem scheinen Sie irgend etwas falsch aufgefaßt zu haben. Diese Angst vor dem Rückfall kann schon gefährlich werden, aber nur, wenn sie unterdrückt wird und damit unkontrolliert ist. Sie sehen es doch am besten an dem Beispiel, das Sie angeführt haben. Aus lauter Angst sind Sie unsicher, wie Sie sich richtig verhalten sollen, und machen es dann prompt falsch. Die Reaktion Ihres Mannes zeigt es doch deutlich."

„Sie meinen, es ist falsch, wenn ich ihn lobe?"

„Nein, so meine ich es nicht. Diese Frage läßt sich nicht einfach mit ja oder nein beantworten. Es kommt immer auf die Umstände an. Natürlich tut es Ihrem Mann gut, wenn er ein Lob bekommt. Ich nehme an, Ihnen übrigens auch."

„Ja, schon. Natürlich."

„Also geht es hier nicht um die Frage des Lobens oder Nichtlobens, sondern darum, daß Sie sich der Situation gemäß richtig verhalten."

„Genau da aber fühle ich mich so unsicher. Ich weiß einfach nicht mehr, was richtig oder falsch ist. Und dann denke ich, wenn ich mich jetzt falsch verhalte, dann wird er vielleicht wieder rückfällig, und dann bin ich auch noch daran schuld."

„Sie meinen also immer noch, daß Sie für das Trinken oder Nichttrinken Ihres Mannes verantwortlich sind."

„Ja bin ich das denn nicht? Ich habe ja begriffen, daß ich nicht am Trinken meines Mannes schuld war, sondern er allein ... aber an seinem Rückfall ... ich meine, wenn ich mich falsch verhalte, dann bin ich doch schuld, wenn er wieder trinkt."

„Wenn Ihr Mann wieder trinkt, dann sind Sie daran so wenig schuld wie vorher. Und so wie Sie früher nicht verhindern konnten, daß Ihr Mann immer wieder trank, genausowenig können Sie verhindern, daß er rückfällig wird, wenn er das will."

„Aber es wird einem doch immer wieder gesagt, daß man sich als Angehöriger auch zu ändern hat, wenn man verhindern will, daß die alten Zustände wieder einreißen."

„Das ist ja nicht falsch. Natürlich müssen Sie lernen, sich zu ändern, aber doch nur, weil Sie in der Trinkzeit Ihres Mannes sich immer mehr falsch verhalten haben. Wenn Sie in der alten Weise weitermachen, dann führt das natürlich zu Spannungen, was dazu beitragen kann, daß Ihr Mann rückfällig wird."

„Also doch!"

„Ja, natürlich. Aber schuld am Rückfall Ihres Mannes wären Sie dann trotzdem nicht. Wenn er wieder trinkt, dann ist es einzig und allein seine Entscheidung, es ist dann in erster Linie sein erneutes falsches Verhalten. Aber es ist richtig, Sie brauchen das natürlich nicht unbedingt zu begünstigen."

„Jetzt sind wir wieder am Anfang!"

„Ich glaube nicht. Denn inzwischen haben Sie zumindest herausgefunden, warum Sie so unsicher sind."

„Und was hilft mir das? Ich weiß immer noch nicht, was nun richtig ist."

„Ich habe es vorhin schon angedeutet. Das Problem ist weniger, ob Sie sich richtig oder falsch verhalten, sondern ob Sie sich natürlich verhalten."

„Und wie merke ich das?"

„Indem Sie sich ganz einfach auf Ihr Gefühl verlassen. Sowie Sie erst anfangen zu überlegen, ob das nun richtig oder falsch sein könnte, verhalten Sie sich schon falsch, denn da verhalten Sie sich nicht mehr nach Ihrem Gefühl. Ich nehme doch an, daß Sie in jeder Situation fühlen, wie Ihnen zumute ist und wie Sie reagieren möchten. Und nur das ist in dieser speziellen Situation richtig. Wenn Sie ihrem Gefühl nach handeln, können Sie sich nicht falsch verhalten, weil es für Sie dann einfach so stimmt."

„Ich verstehe, was Sie meinen. Aber wenn ich dann wieder solche Angst habe, er könnte rückfällig werden, was soll ich dann ...?"

„Dann ist es das Natürlichste, daß Sie ihm das sagen. Sie beschuldigen ihn damit doch nicht, daß er wieder rückfällig wird, sondern sagen ihm nur, daß Sie diese Angst haben. Das kann er verkraften und wird es auch verstehen. Und dann können Sie darüber reden, und das wird Ihnen wieder mehr Sicherheit geben. Das alles ist doch für Sie beide viel besser, als wenn Sie immer unsicherer werden und Ihrem Mann damit gewaltig auf die Nerven gehen."

„Sie meinen, wenn ich ihm meine Angst zeige, daß das besser ist?"

„In jedem Fall. Denn wenn Sie über Ihre Angst offen miteinander reden, werden Sie sie mit der Zeit verlieren. Und dann brauchen Sie Ihren Mann nicht mehr als Alkoholiker zu behandeln, sondern verhalten sich ihm gegenüber wie zu einem normalen Menschen. Und darauf kommt es an. Es ist doch furchtbar beschwerlich, wenn man immer so vorsichtig sein muß. Zumindest in der Ehe sollte es möglich sein, daß man natürlich miteinander umgehen kann und nicht dauernd überlegen muß, was man wie sagt und ob man etwas tun darf oder nicht. Ich zumindest könnte so nicht leben."

„Ich eigentlich auch nicht. – Sie meinen also, ich soll einfach versuchen, mich normal zu verhalten?"

„Ja, so normal, wie Sie es tun würden, wenn Ihr Mann kein Alkoholiker wäre. Mehr geht gar nicht. Alles darüber hinaus wird bereits unnormal und damit falsch. Ihr Mann ist kein rohes Ei. Er hat gelernt, seine Abhängigkeit in den Griff zu bekommen, und je natürlicher Sie sich verhalten, desto einfacher wird es für ihn."

„Oh, vielen Dank. Jetzt ist mir doch leichter zumute. Jetzt sehe ich zumindest, wo ich mich wirklich ändern muß."

Ich getraue mich gar nicht mehr, mit ihr zu streiten, aus lauter Angst, sie trinkt wieder

„Sie können mir vielleicht glauben, daß das ganz schön schwer ist. Früher, als sie noch getrunken hat, war es ja eine totale Katastrophe. Jetzt geht es wieder ganz gut mir ihr. Ich bin selber überrascht. Jahrelang habe ich versucht, sie vom Alkohol abzubringen, vergebens. Aber die in der Fachklinik haben es mit ihr geschafft. Naja, Hauptsache, sie trinkt nicht mehr. Und ich hoffe, daß es jetzt auch so bleibt. Ich beschäftige sie jede Minute, damit sie ja keine Zeit mehr hat, ans Trinken zu denken. Ich hoffe, daß ich sie so über die Runden bringe."

„Was meinen Sie damit, daß es ganz schön schwer ist? Mir ist das nicht richtig klargeworden. Meinen Sie damit, daß es schwer ist, Ihre Frau dauernd zu beschäftigen, oder es zu verkraften, daß Sie selber es nicht geschafft haben, Ihre Frau trockenzubringen?"

„Das auch. Es ist unangenehm, wenn man bemerken muß, daß andere etwas fertigbringen, was man selber nicht geschafft hat. Aber damit werde ich fertig. Nein, ich meine die allgemeine Situation. Was glauben Sie, wie schwer das ist, wenn Sie bei jedem Wort vorsichtig sein müssen, daß Sie ja nichts sagen, was sie wieder zum Trinken bringen könnte. Ich getraue mich gar nicht mehr, mit ihr zu streiten, aus lauter Angst, sie trinkt wieder."

„Glauben Sie denn, Sie können auf diese Weise Ihre Frau wirklich trockenhalten?"

„Ich denke schon. Ich habe sie auch in ihrer Trinkzeit lange Jahre ganz schön im Griff gehabt."

„Und mit welchem Erfolg?"

„O, es ist ganz schön lange gutgegangen."

„Und zum Schluß haben Sie doch einsehen müssen, daß Sie selber es nicht mehr geschafft haben."

„Na ja, richtig, es stimmt schon."

„Und warum glauben Sie, daß Sie es jetzt besser fertigbringen?"

„Was soll ich denn sonst tun? Wenn Sie das mitgemacht hätten, was ich all die Jahre mitgemacht habe, dann würden Sie auch so handeln. Wissen Sie, das möchte ich unter gar keinen Umständen noch einmal erleben."

„Und doch gibt es Dinge, die sich anscheinend andauernd wiederholen."

„Wie meinen Sie das?'

„Ist Ihnen eigentlich schon aufgefallen, daß Sie Ihre Frau wie ein kleines Kind behandeln, wenn Sie sich so sehr darum kümmern, daß sie nicht mehr an Alkohol kommen soll? Im Grunde verhalten Sie sich wie ein Vater oder eine Mutter gegenüber Ihrer Frau."

„Die war ja auch wie ein Kind, wenn sie getrunken hat. Und dann war sie zu nichts mehr fähig. Ich mußte mich ja um alles kümmern."

„Ich glaube Ihnen schon, daß es so war. Aber jetzt ist Ihre Frau erwachsen. Und wie soll sie lernen, sich auch so zu verhalten und in diese Rolle hineinzuwachsen, wenn Sie sie konsequent wie ein Kind behandeln, nur weil Sie Angst davor haben, sie könnte wieder trinken?"

„Aber diese Gefahr besteht doch. Überall wird man gewarnt, daß ein Rückfall sehr leicht eintreten kann."

„Natürlich besteht immer die Möglichkeit, daß es zu einem Rückfall kommt, aber so groß ist sie nun auch wieder nicht, daß man überall das Gespenst des Rückfalles sehen müßte. Ich glaube eher, daß die Angst vor einem Rückfall schon manchen Rückfall ausgelöst hat. Nehmen Sie zum Beispiel Ihr eigenes Verhalten."

„Was meinen Sie mit meinem Verhalten?"

„Wenn Sie Ihre Frau weiter so bevormunden wie früher und sie gar erziehen wollen, oder wenn Sie ihr, was manche Partner auch tun, schwierige Dinge abnehmen, können Sie mit Sicherheit davon ausgehen, daß Ihre Frau bald wieder das kleine Kind ist, als das Sie sie behandeln, und dann höchstwahrscheinlich wieder trinkt. Denn gerade zu spüren, daß man nicht so ist, wie man sein sollte, trägt mit zum Trinken des Alkoholkranken bei. Und jede Behandlung, wenn sie gut ist, strebt an, diesen Zustand zu verändern und dem Alkoholkranken zu helfen, erwachsen zu werden. Und das Allerschlimmste ist, wenn der Partner dann versucht, diesen eingeleiteten Prozeß wieder zu stoppen."

„Und das tue ich, meinen Sie."

„Wenn Sie Ihr Verhalten richtig bedenken, wissen Sie es selber. Ich glaube, das ist doch nichts Neues für Sie, was ich Ihnen da sage."

„Na ja – aber was kann ich dann tun?"

„Ich denke, daß Sie nicht darum herumkommen, das Risiko einzugehen, Ihre Frau als Erwachsene zu behandeln. Nur darin liegt Ihre und Ihrer Frau Chance."

„Das ist aber unheimlich schwer."

„Haben Sie nicht auch festgestellt, daß Ihr seitheriges Verhalten, sich nämlich ganz auf Ihre Frau auszurichten, schwer ist? Ich bezweifle zudem, daß Sie das ständig durchhalten können. Sie kommen dabei ja nicht mehr zu sich selbst! Dauernd müssen Sie darüber nachdenken, wodurch Ihre Frau wieder zum Trinken verführt werden könnte, und das müssen Sie auch noch voraussehen, und dann müssen Sie handeln – und wo bleiben dann Sie? Kommen Sie auf diese Weise überhaupt noch dazu, auch mal Sie selber zu sein, Ihre eigenen Wünsche zu befriedigen?"

„Ich denke schon ..."

„Das klingt nicht sehr überzeugend von Ihnen. Ich bin zwar kein Prophet, aber ich wage Ihnen vorherzusagen, daß Sie mit diesem Verhalten irgendwann Schiffbruch erleiden. Irgendwann können Sie nicht mehr, und Sie werden aggressiv oder depressiv, ganz abgesehen davon, wie Ihre Frau sich das alles gefallen läßt. Denn wenn sie nicht wieder trinkt, weil sie inzwischen tatsächlich erwachsen reagiert, dann wird sie sich Ihr bevormundendes Verhalten nicht mehr gefallen lassen und in irgendeiner Weise ausbrechen. So manche Ehe ist schon auseinandergegangen, nachdem der Alkoholiker einige Zeit trocken war, und er dann seinen Partner nicht mehr aushalten konnte, wenn der es nicht gelernt hat, sein früheres Verhalten ebenfalls zu verändern. Sind es in der Trinkzeit die Angehörigen, die sich vermehrt scheiden lassen, dann ist es danach gerade umgekehrt. Jetzt sind es die trockenen Alkoholiker, die ihre Partner nicht mehr aushalten. Den Grund habe ich Ihnen genannt. Wenn die Alkoholiker nicht mehr bereit sind, wieder zu trinken, weil sie gelernt haben, erwachsen zu handeln, dann sind sie auch nicht mehr bereit, in die alte Rolle des Kindes zurückzuschlüpfen."

„Sie verunsichern mich ja ganz schön."

„Ich kann mir schon denken, daß es verunsichernd ist, wenn man sein ganzes bisheriges Verhalten aufgeben soll. Ich nehme an, daß dieses Kontrollieren Ihnen auch ein Stück Sicherheit gegeben und Ihnen die Angst vor dem Verhalten Ihrer Frau genommen hat."

„Meinen Sie, ich hätte vor meiner Frau Angst?"

„Und haben Sie keine? Nun, vielleicht ist es nicht direkt Angst vor Ihrer Frau, sondern vor ihrem Verhalten, wenn sie wieder rückfällig wird."

„Ja, irgendwie stimmt das schon."

„Solange Sie sich aber von Ihrer Angst leiten lassen, können Sie Ihr Verhalten kaum ändern. Da müssen Sie Ihre Frau im Griff behalten, und das bekommt Ihrer Frau nicht gut und Ihnen auch nicht. Denn Sie sagen ja selber, wie anstrengend Sie das jetzt schon finden. Sie müssen unbedingt etwas ändern, wenn Sie die Hoffnung haben wollen, daß es zwischen Ihnen beiden gut weitergeht."

„Und was soll ich Ihrer Meinung nach bei meiner Frau ändern?"

„Die Rede ist nicht von Ihrer Frau. Bei der können Sie ohnehin nichts ändern. Denn das kann sie nur selber. Ich meine, daß Sie bei sich etwas ändern müssen."

„Sie meinen also, ich müßte mit meiner Angst aufhören?"

„Ja. Das heißt aber, daß Sie sich einmal mit all den Gefühlen auseinandersetzen müssen, die ein Rückfall Ihrer Frau in Ihnen auslösen würde. Und diese Gefühle auszuhalten, kann Ihnen nur gelingen, wenn Sie bereit werden, Ihrer Frau mehr zu vertrauen."

„Da verlangen Sie aber was ziemlich Schweres."

„Ist es nicht nur deshalb so schwer, weil Sie in Ihrer Frau immer noch ein Kind sehen, dem Sie nichts zutrauen? Ich vermute fast, daß Sie auch hier Gefühle haben, die Sie einmal überprüfen sollten. Denn die Vaterrolle für seinen Partner übernimmt nur der, der auch das Bedürfnis hat, der Überlegene zu sein. Vielleicht fragen Sie sich einmal, warum das bei Ihnen so ist. Ich denke, Sie haben viel mehr davon, wenn Sie anfangen, an sich selber zu arbeiten, anstatt Ihre Frau zu kontrollieren. Ich bin gern bereit, mit Ihnen in diesen Prozeß einzusteigen, wenn Sie das wollen."

„Jetzt haben Sie mich vollends verunsichert."

„Wenn es dazu führt, daß Sie Ihr Rollenverhalten neu überdenken, dann soll es mir recht sein. Da Ihnen ja sehr viel daran liegt, daß Ihre Frau nicht mehr trinkt, müssen Sie dahin kommen, daß Sie nicht mehr der große Papa Ihrer Frau sind, sondern ihr Partner werden. Partnerschaft aber heißt Gleichberechtigung. Und es heißt auch, daß man dem anderen etwas zutraut. Wenn Sie das tun, dann können Sie die Verantwortung für die Nüchternheit getrost Ihrer Frau überlassen. Sie wird damit zurechtkommen."

Sie dürfen ihn nicht länger bemuttern

„Darf ich mich mit Ihnen mal wieder unterhalten? Ich komme nämlich mit meinem Mann nicht mehr klar. Es klappt einfach nicht zwischen uns. Ich habe mir das erst so schön vorgestellt, wie das ist, wenn er von der Kur zurückkommt und nicht mehr trinkt, und jetzt haben wir nur noch dauernd Streit. Am Anfang, nachdem er gerade zurück war, ging es ja noch. Aber mit der Zeit wurde es immer schlimmer. Ich weiß mir fast nicht mehr zu helfen. Eigentlich müßte ich doch froh sein, daß er jetzt nicht mehr trinkt."

„Nun, Sie spüren ja selber, daß irgend etwas nicht stimmt, sonst würden Sie nicht fragen."

„Ja, das ist es ja! Aber woran liegt es denn?"

„Sie sagten, daß Sie ‚eigentlich' ja froh sein müßten, daß er nicht mehr trinkt. Sind Sie es denn nicht?"

„Doch schon, natürlich. Ich glaube, ich könnte es nicht mehr ertragen, wenn er wieder anfangen würde. Aber ... ich weiß nicht, wie ich es richtig ausdrücken soll. Ich will ja nicht undankbar sein, aber manchmal, da stört er mich schon. Seit er aus seiner Kur zurück ist, kann man dem nichts mehr sagen. Dauernd begehrt er auf und meckert herum, ich würde ihn bevormunden und bemuttern, und dabei will ich das doch gar nicht. Ich meine es doch nur gut mit ihm."

„Hat er Ihnen das nicht auch schon vorgeworfen, als er noch getrunken hat?"

„Ja, das ist richtig. Aber was hätte ich denn tun sollen, er hat sich ja um nichts gekümmert. Damals hat er immer nur gemeckert und getrunken. Wenn ich mich nicht um ihn gekümmert hätte, dann hätte er seine Arbeit verloren und wäre gänzlich runtergekommen. Und was wäre aus der Familie geworden?"

„Und wie verhält er sich heute?"

„Heute? – Wenn ich etwas tun will, lehnt er das meistens ab und sagt, ich würde ihn dauernd bevormunden, und das ließe er sich nicht mehr gefallen."

„Nein, ich meine, ob er sich denn jetzt um mehr kümmert als in seiner nassen Zeit?"

„Ach so! Ja, das tut er schon, aber das macht mich ganz nervös. Ich weiß ja nie, ob er alles richtig erledigt, und nachher habe ich dann den Ärger und kann es wieder in Ordnung bringen."

„Kam das denn schon vor?"

„Sie meinen das mit dem Wieder-in-Ordnung-bringen-Müssen?"

„Ja."

„Nein, eigentlich bis jetzt noch nicht."

„Dann ist es also mehr eine Befürchtung, die Sie haben?"

„Befürchtung ist gut. Was glauben Sie, was ich mit meinem Mann schon alles mitgemacht habe. Ich könnte glatt einen Roman darüber schreiben."

„Das war doch aber in der Zeit, in der Ihr Mann noch getrunken hat."

„Ja schon. Aber glauben Sie mir nur, so schnell läßt sich das alles nicht vergessen. Das sitzt tief."

„Das heißt, wenn ich Sie richtig verstehe, daß Sie immer noch nicht ganz darauf vertrauen, daß Ihr Mann sich wirklich geändert hat."

„Wenn Sie es so sagen, ja. Ja, ich glaube, das ist es."

„Ich möchte Ihnen gerne etwas erzählen. Ich weiß diese Geschichte von einer Frau, deren Mann auch in Kur war und die das sehr oft in der Gruppe erzählt hat. Es war noch in der Zeit, als es Zahltagstüten gab. Ihr Mann hatte ihr hundertemal versprochen, das Geld nach Hause zu bringen, und er hatte es dann doch wieder zum größten Teil vertrunken. Durch sein Trinken war er auch arbeitslos geworden. Während seines Kuraufenthaltes hat die Frau, die sehr tüchtig war, etwas Geld gespart. Als ihr Mann zurückkam, ging er auf Arbeitssuche. Schnell stellte er fest, daß er nur in der nächstgrößeren Stadt Arbeit bekam und dazu wieder ein Auto brauchte. Sein altes hatte er im Suff zu Schrott gefahren. Und dann, erzählte diese Frau immer wieder, habe sie ihrem Mann zweitausend Mark in die Hand gedrückt und gesagt, kauf dir wieder ein Auto."

96

„Ach du je. Das würde ich nie fertigbringen! Da würde ich sterben vor Angst."

„Die Frau, von der ich Ihnen erzählt habe, hat auch berichtet, daß sie dabei Angst hatte. Sie hat es trotzdem getan."

„Nein! Ich könnte so was nie tun."

„Ich glaube, das ist genau der Punkt, warum es zwischen Ihnen und Ihrem Mann nicht klappt. Er spürt doch, daß Sie ihm nicht vertrauen."

„Ich kann es trotzdem nicht."

„Sehen Sie, der Mann dieser Frau, von der diese Geschichte stammt, war natürlich auch mit in der Gruppe. Und er hat immer wieder gesagt, daß dieses Vertrauen seiner Frau, das sie in diesem Moment ihm entgegengebracht hat, ihm unendlich viel geholfen hätte, trockenzubleiben. Er hat für das Geld ein Auto gekauft, hat sich beruflich hochgearbeitet und ist bis zu seinem Tod trockengeblieben. Er hat seine Frau nicht mehr enttäuscht."

„Ich weiß schon, worauf Sie hinauswollen. Aber glauben Sie mir, es ist sehr schwer."

„Das will ich auch nicht bestreiten nach all den Erfahrungen, die Sie haben. Ich möchte Ihnen damit nur verdeutlichen, worauf es ankommt. Denn das, was sich zwischen Ihnen und Ihrem Mann in seiner nassen Zeit abgespielt hat, ist für viele Ehepaare, bei denen der Mann trinkt, typisch. Der Alkoholkranke hat meist von seiner Erziehung her nicht gelernt, mit Schwierigkeiten umzugehen. Darum weicht er diesen auch gerne aus. Oft sucht er sich unbewußt einen Partner, der zupacken kann. Dadurch kommt es, daß er viele Probleme nicht lösen muß, weil der Partner alles in die Hand nimmt."

„Ja, ich weiß, daß es bei uns so war. Darüber wurde auch im Eheseminar in der Klinik gesprochen."

„Dann brauche ich Ihnen das alles nicht mehr so ausführlich darzustellen. Wichtig ist mir nur, daß Sie sehen, daß genau dieses Verhalten des Ehemannes mit einer der Gründe ist, warum er zu trinken begonnen hat und alkoholkrank wurde. Denn wer sich immer wieder so an seinem Leben vorbeidrückt, spürt das. Das hat Auswirkungen auf die eigene Selbstachtung. Das Gefühl, ein Versager zu sein, wird von daher wesentlich gespeist."

„Sie meinen, deshalb hätte mein Mann getrunken?"

„Nein, nicht nur, aber auch deswegen. Es ist einer der verschiedenen Gründe, die zum süchtigen Trinken führen. Und darum wird in der Therapie in der Klinik großer Wert darauf gelegt, an dieser Neigung, Schwierigkeiten auszuweichen, zu arbeiten. Der Alkoholkranke begreift auch schnell, daß er aktiver werden muß und mutiger, wenn er von seiner Sucht loskommen will. Und so trainiert er bereits während seiner Kur neues Verhalten ein und versucht, mehr Verantwortung für sein Leben zu übernehmen. Er lernt also, Schwierigkeiten nicht mehr aus dem Weg zu gehen und sie durch andere für sich lösen zu lassen, sondern es selber zu tun. Und ich glaube, gerade das versucht Ihr Mann jetzt."

„Und Sie meinen, ich würde ihn daran hindern?"

„Überlegen Sie doch selber, ob Sie es tun."

„Aber manchmal ist es einfach falsch, wie er etwas anpackt und plant. Ich denke oft, der übertreibt. Manches wäre viel einfacher zu machen."

„So sehen Sie es, weil Sie es können. Auch wenn Ihr Mann ein halbes Jahr Therapie hinter sich hat und wenn er gelernt hat, sich jetzt anders zu verhalten, kann er es trotzdem noch lange nicht. Seine alte Neigung, Schwierigkeiten aus dem Wege zu gehen, besteht immer noch. Es kostet ihn darum immer wieder große Anstrengungen, sich anders zu verhalten, und dabei kommt es sicher häufig vor, daß er auch einmal übers Ziel hinausschießt. Sie müssen Ihrem Mann schon zwei, drei Jahre Zeit lassen, bis das alles besser geht. Irgendwann wird es klappen, und Sie werden spüren, daß Sie ihm dann wieder völlig trauen können."

„Ob ich das schaffe?"

„Wenn es Ihnen wichtig ist, daß Ihre Ehe wieder in Ordnung kommt und Ihr Mann zu einer zufriedenen Nüchternheit findet, bleibt Ihnen gar nichts anderes übrig. Ihr Mann wehrt sich jetzt gegen Sie, wenn Sie ihn in seiner Entwicklung hindern. Nehmen Sie das ernst und lernen auch Sie, zurückzutreten und ihn stärker werden zu lassen. Es kostet Sie ein Stück Vormachtstellung in der Ehe. Sie erhalten dafür aber mehr Sicherheit, die Ihnen Ihr Mann mit der Zeit gibt, und mehr Partnerschaftlichkeit in der Ehe. Wenn auch Sie gelernt haben, sich umzustellen, werden Sie sicher darüber froh sein."

„Jetzt begreife ich erst so richtig, was die damals im Eheseminar gemeint haben, als gesagt wurde, wir müßten uns beide ändern. Es fällt mir wirklich nicht leicht, aber ich glaube, anders geht es nicht."

Er ist nicht mehr der Mann, den ich kenne:
Er ist so richtig erwachsen geworden

„Ich muß Ihnen das einfach mal sagen: Mein Mann ist mir seit seiner Kur richtig fremd geworden. Der hat sich total verändert. Das ist so ungewohnt an ihm, wie er sich verhält. Es ist nicht mehr der Mann, den ich kenne."

„Hat er sich denn negativ verändert?"

„Das ist es ja gerade – nein! Der ist in letzter Zeit die Ruhe selbst. Wenn irgend etwas ist, ich rege mich auf, doch er, er bleibt gelassen und ruhig. Er ist auch viel zufriedener mit seinem Leben als ich. Ich frage mich manchmal, was die in der Kur mit ihm gemacht haben. Er wirkt plötzlich so erwachsen."

„Das ist ja richtig erfreulich, was Sie da berichten, denn so offensichtlich sind die Veränderungen nicht bei allen. Da kann man ja bei Ihrem Mann von einem echten Kurerfolg sprechen."

„Ja, das sagen alle, die ihn jetzt erleben, und sie loben ihn und finden es ganz toll, wie er sich verändert hat."

„Das klingt gerade so, als ob Sie es weniger toll fänden?"

„Ich weiß, daß es sich komisch anhört, ich müßte ja froh sein, und im Grunde bin ich es ja auch, aber ich komme da einfach nicht so schnell mit. Früher, da hat er sich um nichts mehr gekümmert und ganz selbstverständlich alles mir überlassen. Da war er ständig unzufrieden, hat dauernd gemeckert und war sofort ganz aufgebracht, wenn ich was zu ihm gesagt habe. Ich habe damals nichts mehr von ihm gehalten und mich oft gefragt, warum gerade ich eine solche Niete gezogen habe. Dann hat er mich oft angelogen, so daß ich ihm überhaupt nicht mehr vertrauen konnte. Mit der Zeit habe ich ihm auch nichts mehr geglaubt. Und jetzt ist plötzlich alles anders. Jetzt bin ich es, die gleich durchdreht und aufgeregt ist. Ich bin ständig gereizt und werfe ihm alles mögliche an den Kopf. Dann kümmert er sich wieder um Dinge, die ich in den letzten Jahren tun mußte. Manchmal komme ich mir direkt arbeitslos vor, arbeitslos und überflüssig."

„Und wie reagiert Ihr Mann darauf, wenn Sie so sind?"

„Ich habe es Ihnen ja schon gesagt. Der ist die Ruhe selbst und nimmt das alles gelassen. Wissen Sie, das ist nicht so einfach. Früher, als er noch getrunken hat, da waren die Rollen klar verteilt. Da war ich die Bessere. Aber jetzt! Ich gebe es ja zu, er hat sich wirklich positiv verändert. Er reagiert in vielem gesünder als ich. Und glauben Sie mir, das kränkt. Ich denke manchmal, um die Alkoholiker, da kümmern sich alle. Die können eine schöne Therapie machen, die lernen, sich zu verändern, erwachsen zu werden und gesünder. Aber wir? Wir Angehörigen bleiben mit einem Trümmerfeld zurück, wenn die in die Kur gehen, und können sehen, wie wir damit fertigwerden. Und dann kommen sie strahlend und gesund zurück, und dann merkt man, daß man selber stehengeblieben ist und noch in der Welt von gestern lebt, während sie längst in der Welt von heute leben."

„Ich finde es trotzdem erstaunlich, wie klar und sachlich Sie Ihre Situation sehen und auch zugeben können, daß nun Sie nicht einfach mehr die Bessere sind und er der kaputte Alkoholiker. Das ist doch eine sehr reife Leistung von Ihnen."

„Das war ja nicht immer so. Da hat es mir sehr geholfen, in die Angehörigengruppe zu gehen. Ich weiß nicht, ob ich es ohne diese Gruppe geschafft hätte, heute so weit zu sein. – Trotzdem, es gibt immer noch viel Streit zwischen uns. Das heißt, heute bin ich es, die immer wieder anfängt. Manchmal habe ich so richtig das Bedürfnis, ihn aus seiner Ruhe zu bringen. Aber dann fängt er an, ich solle doch meine Gefühle sagen, und das bringt mich noch mehr in Rage. Er hat das gelernt in seiner Kur, und ich weiß dann nie so richtig, was er von mir will. Deswegen wollte ich nämlich auch mit Ihnen sprechen. Können Sie mir denn sagen, was ich da tun soll?"

„Nun, wenn Ihr Mann das meint, was ich vermute, dann handelt es sich einfach um eine therapeutische Methode, mit der man lernen kann, Konflikte auszutragen, ohne sich dabei zu verletzen. Die übliche Methode bei Streit ist schließlich, daß man sich gegenseitig beschuldigt und man sich alle möglichen Argumente an den Kopf wirft. Zumeist fallen dann auch sehr häßliche Worte, deren man sich nachher wieder schämt. Aber das ist bei dieser Methode einfach so. Man fühlt sich verletzt und glaubt auch, daß der andere schuld ist. Und man erwartet von ihm, daß es ihm leid tut. Der aber dreht den Spieß um, verteidigt sich und beschuldigt einen selber. Und so gibt ein Wort das andere, und der Streit wird immer hitziger, und zum Schluß redet man nicht mehr miteinander."

„Ja, das kenne ich. Aber nun das andere. Diese andere Methode, von der Sie sprachen, wie geht die?"

„Das Grundprinzip dabei ist, daß man sich nicht mehr beschuldigt, sondern sich seine Gefühle mitteilt."

„Ja, das ist es, das sagt er auch immer, ich soll meine Gefühle äußern. Aber ich sehe da immer noch nicht ganz klar."

„Im Grunde ist es ganz einfach. Irgendein Tun oder ein Wort des Partners verletzt einen. Man fühlt sich getroffen, es tut einem weh. Aber anstatt jetzt zurückzuschlagen, kann man diese eigene Betroffenheit dem Partner auch mitteilen. Man kann ihm sagen, dein Tun oder das, was du gesagt hast, das hat mir sehr weh getan. Damit teilt man ihm mit, was sein Tun oder seine Worte bei einem ausgelöst haben. Man teilt ihm mit, aber man greift ihn nicht an und beschuldigt ihn nicht. Und darum braucht er sich auch nicht zu verteidigen. Er kann offenbleiben und einem selber mitteilen, warum er so gehandelt hat, oder warum er das, was einen so verletzt hat, gesagt hat. Oft kommt dabei heraus, daß er es gar nicht so gemeint hat. Oder er hat sich vorher gar nicht klargemacht, was er anrichtet, und kann sich entschuldigen. Bei der üblichen Streitmethode macht man dicht und schießt, aber in dieser hier genannten Methode bleibt man offen füreinander und versucht, sich zu verstehen. Dadurch kommt es viel weniger zum Streit, und man ist schneller fähig, wieder aufeinander zuzugehen und sich zu vergeben. Es fallen auch keine häßlichen Worte mehr, die so sehr verletzen und das Miteinander oft unerträglich machen. Und es kommt noch mehr dabei heraus. Wenn man lernt, offenzubleiben und sich gegenseitig seine Gefühle und Motive mitzuteilen, dann fängt man erst an, sich gegenseitig kennenzulernen. Viele meinen, wenn man sich körperlich nackt zeigt, dann würde man sich gegenseitig kennen. Dabei kennt man da nur das Äußere voneinander. Erst da, wo man sich auch seelisch nackt macht und den anderen in seinen Gefühlsbereich hineinsehen läßt, da erkennt man sich, wie man wirklich ist."

„Das setzt aber viel Vertrauen in den Partner voraus. Ich weiß nicht, ob ich das so ohne weiteres kann."

„Ich glaube, es ist ganz natürlich, wenn Sie so fühlen. Sie haben vorhin gesagt, daß Sie Ihren Mann in seiner Trinkzeit nur noch negativ gesehen haben und ihm mit der Zeit nicht mehr glauben konnten. Und Sie haben auch festgestellt, daß Sie nicht die Möglichkeit hatten, in einer Therapie zu lernen, sich zu verändern. Dadurch kann es ja auch nicht möglich sein, daß Sie jetzt plötzlich sich völlig offen verhalten können."

„Aber Sie meinen, daß ich das lernen kann?"

„Sicher können Sie das lernen, wenn Sie über das nachdenken, was ich Ihnen gesagt habe. Die Voraussetzung ist doch geschaffen. Ihr Mann hat sich positiv verändert und reagiert anders. Genau da ist der Ansatzpunkt, wo auch Sie sich vornehmen können, die Vergangenheit endlich loszulassen und zusammen mit Ihrem Mann einen neuen Weg auszuprobieren: Indem Sie sich vornehmen, ihm wieder zu vertrauen. Es ist doch auch wichtig! Wenn Sie Ihren Mann weiter negativ sehen wollen, geht auch er wieder auf Distanz. Irgendwann wird er sich dann auch wieder gefühlsmäßig verschließen und zurückschießen. Dann haben Sie wieder die alte Geschichte. Je mehr Sie ihm jedoch zeigen, daß Sie ihn positiv sehen und ihm auch Vertrauen entgegenbringen, desto leichter wird er offenbleiben können."

„Weiß ich dann wirklich, ob das alles stimmt, was er sagt, oder ob er mich nicht wieder anlügt wie früher?"

„Ich denke, Sie werden es wissen, weil Sie es spüren. Wenn man offen miteinander verkehrt, geht Lügen gar nicht mehr. Man merkt es sofort."

„Ich möchte Ihnen ja so gerne glauben. Aber das ist gar nicht so leicht. Da brauche ich Zeit dazu. Befehlen Sie mal Ihrem inneren Schweinehund, er soll einfach wieder vertrauen."

„Sehen Sie, genau da fängt Therapie an, wo man etwas tut, was einem schwer fällt, wo man wieder etwas riskiert, ja wo man etwas tut, was man so noch nie getan hat. Das löst immer wieder Angst aus, die einen hemmen will. Und die alten Erfahrungen sagen einem, tu's lieber nicht, du weißt ja genau, was dabei herauskommt."

„Ja, genauso ist es. Aber wie kann ich das ändern?"

„So, wie ich es Ihnen gesagt habe, indem Sie einfach riskieren, sich anders zu verhalten, offener, auch wenn Sie zunächst Angst davor haben. Ihr Mann hat das in der Therapie auch lernen müssen. Denn nur so hat er es geschafft, sich zu verändern."

„Sie meinen also, daß ich jetzt auch eine Therapie machen soll?"

„Ja, Therapie mit sich selbst. Sie sind doch schon dabei. Ihre Situation haben Sie bereits untersucht. Nun brauchen Sie nur noch den nächsten Schritt zu tun. Versuchen Sie einfach, von Ihrem Mann zu lernen."

Trocken ist er schlimmer als vorher

„Ich kann Ihnen gar nicht sagen, wie es mir geht. Es hat ja lange gedauert, bis er endlich aufgehört hat zu trinken. Ich habe geglaubt, das erlebe ich nie mehr. Sie wissen ja, daß ich kurz davorstand, mich scheiden zu lassen. Ich hätte auch nicht mehr lange mitgemacht. Aber dann ging er wenigstens in die Gruppe, und seitdem trinkt er tatsächlich nichts mehr. Ich begreife das nicht. Aber glauben Sie, ich wäre nun froh?"

„Was ist noch nicht in Ordnung?"

„In Ordnung, daß ich nicht lache! In Ordnung ist gar nichts. Klar, er trinkt nicht mehr. Das ist aber auch alles. Manchmal kommt es mir so vor, als sei es jetzt schlimmer als in der Zeit, wo er noch getrunken hat."

„Ist es so schlimm?"

„Schlimm ist gar kein Ausdruck. Er ist ständig mit sich unzufrieden, hat Spannungen, dann wieder ist er nervös und gereizt, dann ist er wieder abgespannt und müde und hat zu nichts Lust. Dann ärgern ihn die Fliegen an der Wand. Ich kann Ihnen sagen! Na ja, typisch Alkoholiker."

„Nun, was haben Sie denn erwartet?"

„Erwartet? Ich dachte, der ändert sich! Einmal muß das doch vorbei sein. Glauben Sie denn, ich mache das ewig mit, diesen Zirkus zu Hause? Jeden Tag Streit. Wenn wir uns bloß sehen, geht es schon los. Mit dem kann man kein vernünftiges Wort reden. Wenn ich mal von ihm verlange, daß er sich um verschiedenes kümmern soll, dann sollten Sie den mal hören. Aber so sind sie halt, die Alkoholiker. Der war schon immer so. Wenn ich mich nicht um alles gekümmert hätte, wäre unsere Ehe schon längst im Eimer. So kommt es aber noch, wenn der sich nicht bald ändert."

„Ich habe Sie gefragt, was Sie erwartet haben. Ich möchte Ihnen gerne begründen, warum ich das gefragt habe. Sehen Sie, die meisten Alkoholkranken sind ein halbes Jahr in Therapie und haben dort viel Zeit, über sich nachzudenken und sich zu ändern. Und trotzdem haben auch nach einer so langen Zeit viele noch Schwierigkeiten, mit ihrer Abstinenz zurechtzukommen. Denn bei Alkoholismus geht es nie darum, nur vom Alkohol loszukommen. Dazu braucht man auch kein halbes Jahr. Es geht um mehr. Der Alkohol war doch in der Regel nur ein Hilfsmittel, eine Arznei, mit der der Alkoholkranke versucht hat, über die Runden zu kommen. Wenn er dann aufgehört hat zu trinken, dann fehlt ihm seine Arznei. Denn die Lebensschwierigkeiten, die er damit überdeckt hat, haben sich dadurch ja nicht in Luft aufgelöst. Die kommen im Gegenteil jetzt erst richtig zum Vorschein. Und sie äußern sich genau in den Verhaltensweisen, die Sie von Ihrem Mann geschildert haben. Wenn man ein halbes Jahr Therapie hinter sich hat, ist es zumeist nicht mehr so kraß. Bei Alkoholikern, die nicht in Therapie gingen, ist das natürlich anders. Sie haben zunächst viel leere Zeit, die vorher durch Trinken ausgefüllt war. Ihnen fehlt spürbar Alkohol, und sie müssen darum auch immer wieder gegen die Versuchung ankämpfen, zu trinken."

„Wenn er das wieder tut, ist Schluß, das weiß er!"

„Nun, dann hat er auch von daher noch Druck, und ich nehme an, daß er ja auch nicht mehr trinken will. Aber er hat sich einfach noch nicht umgestellt auf eine nüchterne, zufriedene Lebensweise. Was auch nicht sein kann. Denn das braucht Zeit. Es wird sicher einige Jahre dauern, bis er das völlig geschafft hat."

„Da können Sie jetzt für ihn eintreten, soviel Sie wollen, ich weiß einfach nicht, ob ich das noch so lange durchhalte."

„Ich kann mir vorstellen, daß es schwer für Sie ist und daß Ihnen die Geduld ausgehen will. Aber wenn ich sagte, das dauert noch einige Jahre, dann meine ich damit nicht, daß es so lange noch so schlimm weitergeht. Ihr Mann geht ja in die Gruppe, und da können Sie schon hoffen, daß er von den anderen lernt und er nach und nach zufriedener wird. Wenn Sie lernen, einfach ein bißchen geduldiger zu werden, wenn es bei Ihrem Mann noch nicht so richtig klappt, dann werden Sie es vermutlich leichter haben."

„Was? Dem einfach sein Verhalten durchgehen lassen? Da komme ich mir ja wie ein Depp vor! Ich habe wirklich genug mit ihm mitgemacht. Mir langt's."

106

„Ich kann ja verstehen, daß Sie sehr verletzt sind durch alles, was Sie mitgemacht haben und was Sie auch jetzt noch mitmachen müssen. Aber wenn Sie nicht davon loslassen können, wenn Sie Ihrem Mann nicht zugestehen, daß er einfach noch nicht anders kann, dann wird sich nie etwas ändern. Schließlich ist es eine Krankheit, an der Ihr Mann leidet."

„Ja, ich weiß das alles, aber es ist einfach zu viel in mir kaputtgegangen. Ich kann ihn nicht mehr lieben."

„Warum gehen Sie dann nicht von Ihrem Mann weg?"

„Das ist eine Frage, die ich mir auch schon oft gestellt habe."

„Und?"

„Ich weiß es nicht."

„Glauben Sie, daß Ihre Ehe am Ende ist?"

„Ich weiß es auch nicht. Ich weiß gar nichts mehr. Ich weiß nur, daß ich für meinen Mann nichts mehr empfinde."

„Und das gerade jetzt, wo er angefangen hat, mit Trinken aufzuhören und sich zu verändern."

„Es war einfach zu viel, was war."

„Sie haben doch jetzt zumindest die Chance, Ihren Mann neu zu entdecken, auch wenn er jetzt noch in einem Tief steckt und vieles noch nicht so klappt, wie Sie es sich erhofft haben. Wenn er trocken bleibt und weitermacht in der Gruppe, können Sie sicher sein, daß es besser werden wird."

„Vielleicht ..."

„Der jetzige Zustand ist doch nicht gut, weder für Sie noch für Ihren Mann. So können Sie doch auf Dauer nicht leben. Besser wäre eine Entscheidung. Entweder gegen ihn, dann haben Sie beide die Möglichkeit, sich ein neues Leben aufzubauen, oder für ihn mit dem Willen, wieder neu zusammenzufinden."

„Wenn ich ihn verlasse, dann trinkt er bestimmt wieder."

„Das kann Ihnen dann doch egal sein."

„Das ist wahr, aber ich schaffe es trotzdem nicht."

„Es bindet Sie also immer noch etwas an Ihren Mann."

„Er ist immerhin mein Mann ..."

„Wäre das nicht eine Basis, wo Sie neu anknüpfen könnten?"

„Ich weiß es nicht ... Vielleicht lasse ich es auch nur so weiterlaufen, bis mir klarer wird, was ich tun will."

„Ich kann mir nicht helfen, aber ich habe einfach das Gefühl, daß es bei Ihnen mehr Müdigkeit ist wegen all dem, was Sie mitgemacht haben. Wenn Sie wirklich mit Ihrem Mann fertig wären, würden Sie anders reden und wahrscheinlich auch anders handeln. Sie könnten wahrscheinlich viel gewinnen, wenn Sie fähig werden, mit dem Streiten aufzuhören. Das kostet doch auch Kraft. Versuchen Sie es doch einmal. Vielleicht können Sie mit der Zeit sogar wieder mehr auf Ihren Mann zugehen."

„Möglich ..."

„Wenn überhaupt noch ein bißchen Gefühl für Ihren Mann bei Ihnen da ist, und ich vermute das, dann wird es auch wieder. Sie müssen nur jetzt sich beiden, Ihrem Mann und sich selber, Zeit gönnen, mit dem was war, fertigzuwerden. Und Sie müssen das sehen, was werden kann, nicht das, was noch ist. Hauptsache ist doch, daß Ihr Mann den Anfang gemacht hat. Es wäre doch schade, wenn Ihre Ehe jetzt auseinanderginge, nachdem Sie so lange durchgehalten haben."

„Manchmal ist mir das gerade egal. Aber Sie haben schon recht, daß ich einfach müde bin. Vielleicht wird es ja wirklich einmal wieder besser."

„Es ist nicht das erste Mal, daß bei mir jemand sitzt, dem es ähnlich ging wie Ihnen. Und von daher weiß ich auch, daß viele nach einiger Zeit ganz froh waren, daß sie nicht aufgegeben haben, als es ihnen schlecht ging. Denn oft geht man aus einer solchen Lebenskrise gestärkt hervor, und in mancher Ehe kam es zu einem völlig neuen Miteinander. Und wenn es anders kommt, werden Sie das auch fühlen und dann wissen, wie Sie sich entscheiden müssen. Wenn es Ihnen hilft, bin ich gerne bereit, mit Ihnen weiter darüber zu reden."

„Vielleicht wäre das ganz gut. Ich glaube, ich nehme Ihr Angebot an."

„Nun, ich denke auch, daß es gut sein könnte, denn in weiteren Gesprächen können Sie dann besser herausfinden, welche Gefühle Sie haben und auch, ob es sich nicht lohnt, Ihrem Mann noch eine Chance zu geben."

Ich habe solche Angst, mein Mann könnte wieder rückfällig werden

„Sie glauben nicht, was ich eine Angst davor habe, mein Mann könnte wieder rückfällig werden! Wenn er nur einmal fünf Minuten später nach Hause kommt als gewohnt, ist sofort die alte Angst wieder da: Er wird doch nicht wieder getrunken haben? Genauso war es früher. Er hat mir versprochen, nichts zu trinken und gleich nach der Arbeit heimzukommen. Und dann habe ich dagesessen und gewartet, und er ist nicht gekommen. Das Essen ist inzwischen kalt geworden, bis ich dann verzweifelt alleine gegessen habe und ins Bett ging. Und bei jedem Geräusch bin ich hochgeschreckt. Und wenn er dann endlich kam, stockbesoffen, dann war ich so fertig, daß es gleich Krach gab. – All das kommt sofort wieder in mir hoch, und dabei ist es doch nun schon über ein Jahr her, daß er nichts mehr trinkt."

„Ich kenne diese Situation. Das haben schon viele Frauen erzählt. Eine Frau, deren Mann längst Mitarbeiter in einer Gruppe war, hat noch sechs Jahre danach solche Angstzustände bekommen. Sie hat es in der Gruppe immer wieder erzählt."

„So lange? Dann steht mir ja noch einiges bevor."

„Es dauert nicht bei jedem so lange. Manche Angehörige berichten, daß sie bereits nach einem halben Jahr keine Angst mehr haben. Das ist bei jedem verschieden."

„Wenn es bei mir nur schon vorbei wäre! Das ist so unangenehm, diese ständige Nervenanspannung. Es fängt ja genaugenommen schon vorher an. Je näher der Zeitpunkt rückt, an dem er kommen muß, desto nervöser werde ich. Und wenn ich dann das Auto vorfahren höre, fällt mir ein Stein vom Herzen. Und wenn es nur ein wenig später wird, Sie glauben nicht, wie verrückt ich dann bin. Dann begrüße ich ihn überschwenglich und schnuppere als erstes, ob er auch nicht nach Alkohol riecht. Und erst, wenn alles gut ist, werde ich wieder ruhig."

„Fällt Ihrem Mann denn dieses Verhalten nicht auf?"

„Doch schon. Er hat mir schon ein paarmal vorgeworfen, ich würde ihm nicht vertrauen, und ich brauchte doch keine Angst mehr zu haben. Aber das ist mir in dem Moment ganz egal. Ich bin nur froh, daß alles gut ist. Neulich, nachts, das war auch so was. Ich war unruhig und wachte plötzlich auf. Neben mir, das Bett war leer. Mein Herz hat sich richtig verkrampft vor Schreck. Denn früher, wo er noch getrunken hat, war das auch oft so. Vorsichtig bin ich dann zum Wohnzimmer geschlichen und habe durch die Tür gespäht, und da saß er ganz friedlich im Sessel und hat gelesen. Er habe nicht schlafen können und mich nicht stören wollen. Ich habe einige Zeit gebraucht, bis ich mich wieder beruhigt habe. Manchmal wird mir ganz schlecht, wenn ich nur daran denke, er könnte wieder trinken. Sagen Sie, was kann man nur dagegen machen? Das ist doch nicht normal."

„Ich würde diese Angst zunächst einmal nicht als unnormal bezeichnen. Wer so schwere Jahre durchgemacht hat wie Sie, lebt natürlich in Angst davor, es könnte noch einmal so werden. Nur schadet diese Angst mehr als sie nützt."

„Sie meinen, ich könnte meinen Mann damit verärgern?"

„Ich glaube, das ist das mindeste, was Sie damit erreichen können. Im schlimmsten Fall können Sie ihn dadurch wieder zum Trinken bringen."

„O nein, nur das nicht!"

„Solange Sie aber in dieser Angst leben, sind Sie auch in dieser Gefahr. Denn aus Angst werden Sie immer wieder versuchen, ihn in irgendeiner Weise zu kontrollieren. Ich erinnere Sie nur an das Schnuppern bei seinem Heimkommen. Und Sie haben ja bemerkt, daß Sie damit Ihren Mann verletzt haben."

„Ja, ich weiß."

„Ich möchte Ihnen einmal ein Extrembeispiel erzählen, das ich zwar nicht selber erlebt habe, das aber in der Literatur geschildert wird, nur damit Sie sehen, wo das Kontrollieren aus Angst hinführen kann. Das Beispiel spielt in Amerika. Bei einer Party ruft die Ehefrau bei der Ankunft: ‚Daß ihr's alle wißt, mein Mann kann keinen Alkohol trinken, der ist nämlich Alkoholiker.' Worauf ihr Mann spontan ein Glas ergriffen und wieder getrunken habe. Ich möchte fast sagen, zu Recht. Er hat sich damit zwar keinen guten

Dienst getan, aber doch seine Verärgerung über das Verhalten seiner Frau recht wirkungsvoll abreagiert."

„So schlimm mache ich es ja nicht ..."

„Das möchte ich damit ja auch nicht behaupten. Ich wollte Ihnen an diesem Beispiel nur zeigen, daß man einen Alkoholiker durch Kontrollieren so schlimm verletzen kann, daß er sogar wieder trinkt. Und wenn man bei der Frau dieses Beispiels nachfragen würde, warum sie sich denn so verhalten hat, käme auch nur heraus, daß sie Angst hatte, jemand könnte ihren Mann wieder zum Trinken verführen, und daß sie aus dieser Angst heraus vorbeugen wollte."

„Das ist ja schlimm. Ich schäme mich manchmal selber. Aber ich komme von dieser Angst einfach nicht los. Was kann man denn dagegen tun? Deshalb bin ich ja schließlich zu Ihnen gekommen."

„Ich weiß nicht, ob ich Ihnen eine befriedigende Antwort geben kann, denn so einfach ist das gar nicht, Angst loszuwerden. Zumal, wie schon gesagt, Ihre Angst durchaus berechtigt ist. Im Grunde sind Sie, solange Sie mit Ihrem Mann leben, in der Unsicherheit, daß er irgendwann wieder trinken kann. Auch wenn er jahrelang abstinent ist, kann er wieder rückfällig werden. Beispiele dafür gibt es genug."

„Das ist es ja, was mir so zu schaffen macht."

„Ich denke, daß Sie schon lernen müssen, damit zu leben. Denn wenn Sie dieser Unsicherheit ganz aus dem Weg gehen wollen, müssen Sie sich praktisch von Ihrem Mann trennen. Ich nehme aber an, daß das ja nicht in Ihrer Absicht liegt."

„O nein, das will ich unter gar keinen Umständen, zumal wir jetzt wieder eine recht harmonische Ehe führen. Sicher, es klappt noch nicht alles, aber es ist doch viel schöner als früher."

„Also ist es wichtig, daß Sie lernen, Ihre Angst in den Griff zu bekommen."

„Ja! Aber wie ...?"

„Das Stichwort hat Ihr Mann Ihnen schon gegeben. Er hat Ihnen gesagt, daß Sie ihm nicht vertrauen. Und darum geht es. Nur dadurch, daß Sie Ihrem Mann wieder voll vertrauen, können Sie Ihre Angst besiegen. Und vielleicht sollten Sie auch sich selber mehr vertrauen."

„Wie meinen Sie das?"

„Hinter Ihrer Angst steckt doch auch eine ganze Menge Angst, die Sie um sich selber haben. Sie leben doch in der Vorstellung, Ihr Mann könnte wieder trinken, und dann rutschen Sie in ein tiefes Loch, aus dem Sie nicht mehr herauskommen."

„Ja, so ungefähr ist es schon."

„Dabei rührt Ihre Angst von einer Phantasie. Es ist in Wirklichkeit doch gar nicht so. Sie sollten mehr im Heute leben. Ihr Mann ist trocken, und er versichert Ihnen, daß Sie keine Angst zu haben brauchen, und seit einem Jahr stimmt das auch. Das ist doch Realität, nicht Ihre Phantasie. Nehmen Sie doch einfach diese Tatsache ernst."

„Ja, ich versuche es ja. Aber trotzdem ..."

„Vielleicht kann ich Ihnen noch eine Hilfestellung geben. Vertrauen Sie auch mehr Ihrem Gefühl."

„Und wie geht das vor sich?"

„Ich will es Ihnen wieder an einem Beispiel verdeutlichen. Zu mir haben schon viele Frauen gesagt: Ich glaube, ich halte es nicht mehr aus, wenn mein Mann wieder trinkt. Und bei einigen habe ich erlebt, daß der Mann rückfällig wurde, und die Frauen haben es ausgehalten."

„Das ist aber ein schwacher Trost."

„Ich weiß. Ich will Sie damit ja auch nicht trösten, sondern Ihnen etwas erläutern. Sie gehen jetzt von einer Phantasievorstellung aus, als ob es die größte Katastrophe wäre, wenn Ihr Mann rückfällig wird, und, was das Wichtigste dabei ist, als ob Sie darunter total zusammenbrechen würden. Und genau das ist das Falsche dabei. Sie können heute nicht wissen, wie Sie fühlen und damit fertigwerden, wenn der Fall tatsächlich eintreten wird. Wenn Sie sich auf Ihr Gefühl verlassen, werden Sie, wenn es zu einem Rückfall kommen sollte, genau spüren, ob Sie die Situation wieder durchstehen können oder nicht, und Sie werden danach handeln. Entweder Sie trennen sich dann von Ihrem Mann, um die bekannte Leidenszeit nicht wieder mitmachen zu müssen, oder Sie haben die Kraft dazu, wieder zu warten, bis Ihr Mann erneut aufhören kann."

„Das müssen Sie mir noch einmal sagen, das habe ich noch nicht ganz mitbekommen."

„Anders ausgedrückt heißt das, daß es Unsinn ist, sich im voraus Gedanken über eine Situation zu machen, die eventuell einmal eintreten kann, weil Sie heute unmöglich wissen, wie Sie sich dann fühlen und sich darum dann verhalten werden. Es ist genauso Unsinn, wenn Sie vorher schon Pläne machen, wie Sie sich dann verhalten wollen. Wer sich auf sein Gefühl verläßt, weiß zu jeder Zeit, was für ihn richtig ist, und danach wird er handeln. Und genau diese Einstellung nimmt Angst, weil einem das die Sicherheit gibt, daß man eben nicht in das tiefe Loch rutscht, sondern einen Weg finden wird, den man gehen kann. Ich kann es Ihnen nochmals anders sagen: Wenn Sie auf Gott vertrauen, dann wissen Sie, daß nichts geschehen wird, bei dem er Sie nicht begleitet. Und damit können Sie getrost jeden Weg gehen."

„Ich verstehe jetzt, was Sie meinen. Ich glaube, ich muß es einfach versuchen."

„Denken Sie dabei immer daran, wie unsinnig Ihre Angst eigentlich ist. Denn ändern tut sich durch Angst ohnehin nichts. Ihr Mann wird trocken bleiben, ob Sie Angst haben oder nicht – oder er wird rückfällig werden mit oder ohne Ihre Angst. Sie können an seinem Verhalten im Grunde gar nichts ändern. Sie machen durch diese Angst nur sich selber kaputt. Und Ihre Ehe wird dadurch nicht glücklicher."

„Wenn Sie das so sagen, sehe ich es ja selber auch so. Ich muß wirklich von dieser Angst loskommen."

„Sehen Sie, darum geht es. Loskommen hat etwas mit Loslassen zu tun. Sie können lernen, Ihre Angst loszulassen, indem Sie wieder lernen, Ihrem Mann zu vertrauen. Je mehr Sie ihm vertrauen, desto mehr können Sie loslassen."

„Ja, ich denke auch, daß es nur so geht."

„Wenn es Ihnen nicht gelingt, Ihre Angst in den Griff zu bekommen, sollten Sie überlegen, ob Sie in einer Therapie versuchen, damit klarzukommen. Wenn das der Fall sein sollte, melden Sie sich einfach wieder."

Mein Mann ist wieder wie früher in seiner nassen Zeit (Trockenrausch)

„Ich mußte einfach einmal wieder kommen und mit Ihnen reden. Mein Mann macht mir in letzter Zeit immer mehr Angst."

„Warum, was ist los mit ihm?"

„Ja, er ... ich weiß es nicht so genau, er benimmt sich in letzter Zeit so komisch, er ist so hektisch, immer gleich beleidigt, geht dauernd wieder aus, wirft mit dem Geld um sich, es ist so ... ich glaube gerade ..."

„Was glauben Sie gerade?"

„Ach, ich weiß es nicht."

„Trinkt er wieder?"

„Ja, gerade so ist es. Ich weiß es aber nicht genau. Gerochen habe ich noch nichts, auch sonst habe ich noch nichts bemerkt, ich meine, Flaschen und so."

„Könnte es sein, daß er Tabletten schluckt?"

„Ich weiß nicht ... Nein, das glaube ich nicht. Aus Tabletten hat er sich noch nie was gemacht. Wir haben auch keine zu Hause. – Ja doch, Kopfschmerztabletten natürlich, aber die sind nicht angerührt, das weiß ich, ich brauche nämlich in letzter Zeit, seit er sich so verändert hat, öfter mal eine."

„Was fällt Ihnen denn sonst noch an ihm auf?"

„Das meiste habe ich Ihnen ja schon gesagt. Es ist so schwer. Ich meine, es ist mehr so ein Gefühl bei mir. Nach seiner Kur war er ganz anders. Da konnten wir miteinander reden, wir sind auch wieder viel miteinander ausgegangen. Er hat viel über seine Vergangenheit nachgedacht und ging regelmäßig in die Gruppe. Er ist mit mir sogar ab und zu in den Gottesdienst gegangen. Es war einfach ein ganz anderes Leben. Es war so, wie ich es mir vorgestellt habe, mit meinem Mann zu leben. Das ist auch anderen aufgefallen. Sein Chef hat ihn gelobt und war sehr zufrieden mit ihm, und jetzt ..."

„Was ist anders jetzt?"

„Das ist alles nicht mehr so. Er ist wieder wie früher in seiner nassen Zeit. In die Gruppe geht er schon lange nicht mehr. Da steht er drüber. Das wäre sowieso alles nur Bla Bla, was die da reden würden, und das ewige Gerede über Alkohol hinge ihm schon lange zum Halse raus. Auch mir verbietet er, in die Gruppe zu kommen. Er meint, das seien sowieso alles Schwächlinge, die es nicht ohne Gruppe schaffen würden. Er jedenfalls brauche so was nicht. Er ist überhaupt so großspurig in letzter Zeit. Alle um ihn herum sind blöde. Er weiß immer alles besser, und wenn man ihm dann widerspricht, wird er gleich ausfallend. Zu Hause streitet er ständig mit den Kindern herum und will sie erziehen. Meistens meckert er wegen Dingen an ihnen herum, die er selber tut. Und wenn ich ihn einmal darauf hinweise, ist er gleich beleidigt und zieht sich in seinen Schmollwinkel zurück. Er hat dann schon tagelang nichts mehr mit mir gesprochen. Ich bin manchmal am Rande der Verzweiflung, das dürfen Sie mir glauben."

„Und wie lange geht das nun schon so?"

„Schon lange. Mindestens ein halbes Jahr oder noch länger. Ich weiß es nicht so genau. Ich glaube, ich habe es auch nicht sehen wollen, daß er sich wieder verändert. Ich habe die Augen zugemacht und habe gedacht, das geht wieder vorüber, er hat halt noch schwer mit sich zu kämpfen. Sie selber haben mir ja einmal gesagt, daß die innere Umstellung eines Alkoholkranken drei bis fünf Jahre dauern würde."

„Aber Sie haben die ganze Zeit kein gutes Gefühl dabei gehabt. Ist das richtig?"

„Ja, das stimmt. Aber ich wollte es mir nicht eingestehen."

„Und was hat Ihnen dann die Augen geöffnet?"

„Sein Chef. Neulich hat sein Chef bei mir angerufen und gefragt, was mit ihm los wäre. Er würde sich so unkonzentriert bei der Arbeit verhalten, na ja, und an seiner Arbeitsstelle ist er auch so großspurig. Und da habe ich begriffen, daß es nicht an mir liegt und ich zu empfindlich bin, sondern daß andere ihn auch so sehen. Sein Chef hat ihn dann wohl zusammengestaucht. Jedenfalls kam er sehr geknickt von der Arbeit, war deprimiert und wollte alles hinschmeißen. Er hat sich nur beklagt, wie unrecht die ihn behandeln würden, und dann hat er wieder Selbstmitleid gehabt, gerade wie früher auch. Aber das hat nicht lange angehalten. Bald war er wieder obenauf und hat großartig getönt, daß er auf die ja nicht angewiesen wäre und er sich eine andere Arbeit suchen wolle. Das macht mir auch so Angst, daß er plötzlich keine Arbeit mehr hat und wir dann dastehen ... Es tut mir leid, aber mir kommen einfach die Tränen ..."

„Das ist doch nicht schlimm. Ich kann mir gut vorstellen, wie deprimierend es für Sie sein muß, daß alles wieder von vorne anfängt."

„Um Gottes Willen – Sie meinen, daß er wieder trinken wird?"

„Sie müssen damit rechnen."

„O nein! Nur das nicht. Nicht noch einmal. Ich halte das nicht mehr aus. Kann es nicht sein, daß ...?

„Natürlich kann es sein, daß er da wieder rauskommt ohne zu trinken, aber die Erfahrung zeigt, daß solche Zustände meist wieder mit Trinken enden. Es hat keinen Sinn, wenn Sie davor die Augen verschließen wollen."

„Ja, ich glaube, Sie haben recht."

„Und zudem kann es ja viel schlimmer nicht mehr werden. Was noch dazukommen kann, ist sein Trinken, und vielleicht wäre das gar nicht so schlimm, denn dann können Sie ihn wieder anpacken und auf sein Trinken hin ansprechen. Vielleicht begreift er dann sogar selber, daß mit ihm irgend etwas nicht stimmt. So wie es jetzt ist, ist es doch viel schlimmer, weil er vermutlich nicht einsehen wird, daß er sich bereits wieder am Rande des Trinkens bewegt."

„O ja, da haben Sie recht. Neulich habe ich einen Mann aus der Gruppe getroffen, der mich gefragt hat, ob mein Mann wieder trinken würde. Er habe ihn gesehen, und da habe er einen so sonderbaren Eindruck gemacht. Als ich ihm das erzählte, ist er fast explodiert. Alkohol sei für ihn erledigt, und es wäre eine Unverschämtheit, ihm zu unterstellen, er würde wieder trinken."

„Genau das meine ich. Wenn er erst wieder trinkt, ist mit ihm sicher leichter zu verhandeln."

„Könnten Sie denn nicht einmal mit ihm reden? Vielleicht können Sie ihm das alles viel besser sagen."

„Das will ich gerne versuchen. Die Frage ist nur, ob er zu einem solchen Gespräch bereit ist."

„Wahrscheinlich ist er das nicht. Ich habe nämlich einmal die

Andeutung gemacht, ob er nicht mal wieder zu Ihnen gehen wolle. Da hat er mich angebrüllt, ich solle ihm seine Ruhe lassen, er brauche das nicht mehr. Er komme schon selber mit sich zurecht. Ich solle doch selber gehen, wenn ich mit mir nicht mehr klarkäme."

„Dann besteht nicht viel Hoffnung. Da müssen Sie leider abwarten, bis er wieder trinkt. Ich weiß, es ist schwer, aber ich weiß auch nicht, wie im Moment weiterzukommen wäre."

„Das ist nicht gerade sehr ermutigend, was Sie mir da sagen."

„Ich weiß."

„Ich verstehe das einfach nicht. Er war doch eine Zeitlang anders. Wie kann denn das kommen, daß er sich plötzlich wieder so verändert?"

„Wenn es richtig ist, daß er keinen Alkohol trinkt, handelt es sich bei ihm um einen sogenannten Trockenrausch. Der Name drückt es schon aus: Er ist zwar noch trocken, aber verhaltensmäßig und auch gefühlsmäßig bereits wieder wie im Rausch. Er wehrt sich zwar noch gegen das Trinken, aber sein ganzes Bedürfnis geht bereits wieder in diese Richtung. Nur versucht er, diese Erkenntnis zu überspielen und sich selber einzureden, daß es nicht so ist. Das alles zeigt jedoch, daß er mit seiner Abstinenz nicht zufrieden war, oder anders gesagt: Er ist nur trocken geblieben, aber nicht nüchtern geworden. Das heißt, er ist über den anfänglichen Ansatz einfach nicht hinausgekommen, er hat nicht an sich weitergearbeitet, um innerlich zufrieden zu werden. Irgendwie muß er dem Trinken und der Erleichterung, die es ihm gebracht hat, nachgetrauert haben. Und da er dieses alte Verhalten nicht verabschieden konnte, konnte er sich auch nicht positiv verändern. Er muß darum ständig ein Mangelempfinden gehabt haben. Vermutlich hat ihm der Schwung, den ihm das Trinken gegeben hat, gefehlt, so daß er sich jetzt zumindest der Lebensart in seiner Trinkzeit wieder angenähert hat. Und wie das meistens weitergeht, habe ich Ihnen schon gesagt."

„Und da kann man gar nichts dagegen tun?"

„Im Grunde nicht. Solange Ihr Mann nicht bereit wird, mit sich reden zu lassen und einzusehen, daß sein derzeitiges Verhalten nicht stimmt, ist nichts zu machen. Das Schlimme ist ja bei diesem Zustand, daß er sich selber einreden kann, daß alles in Ordnung ist, weil er nichts trinkt. Und mit diesem Argument wird er vermutlich jeden Versuch abwehren."

„Das ist ja furchtbar! Was soll ich denn bloß machen?"

„Dasselbe wie in seiner nassen Zeit auch! Machen Sie sich bitte ganz frei von dem Gedanken, bei Ihrem Mann etwas ändern zu können, und tun Sie wieder etwas für sich. Gehen Sie wieder in die Gruppe, auch wenn ihm das nicht paßt, weil Ihnen die Gespräche helfen werden, besser mit Ihrer Situation fertigzuwerden. Und wenn Sie wollen, können Sie auch zu weiteren Gesprächen kommen. Vielleicht gelingt es dadurch sogar, Ihren Mann dazu zu bewegen, daß er selber einmal wieder zu einem Gespräch bereit wird. Ich hoffe es mit Ihnen."

Mein Mann ist rückfällig geworden, er trinkt wieder

„Ich muß Ihnen was ganz Schlimmes erzählen. Was glauben Sie, was passiert ist? Mein Mann ist rückfällig geworden, er trinkt wieder! – Sie sagen gar nichts!"

„Was soll ich denn sagen?"

„Das ist doch furchtbar, da muß man doch was machen, ich halte das nicht noch einmal aus. Da muß ganz schnell etwas geschehen, damit es nicht weitergeht. Ach Gott, ich bin ganz verzweifelt, ich weiß gar nicht, was ich noch machen soll. Wissen Sie mir denn keinen Rat?"

„Versuchen Sie doch erst einmal, ruhig zu werden und tief durchzuatmen. Sie sind ja ganz in Panik."

„Ja, ist das denn nicht schlimm, daß er wieder trinkt? Wären Sie da nicht auch in Panikstimmung?"

„Wahrscheinlich."

„Na also!"

„Trotzdem! Panikstimmung ändert an der Tatsache gar nichts. Im Gegenteil. Sie verschlimmert die Sache nur."

„Als ob es nicht schon schlimm genug wäre."

„Ich gebe Ihnen ja recht und kann Sie auch gut verstehen, aber das ändert nichts. Ihr Mann trinkt wieder."

„Sie sagen das so, als ob das überhaupt nichts Schlimmes wäre, dabei ist das für mich ... ach, ich bin einfach verzweifelt."

„Nun, dazu haben Sie auch allen Grund. Trotzdem versuche ich, das Problem sachlich zu sehen. Anders geht es nämlich nicht. Wie lange war Ihr Mann denn trocken?"

„Fast drei Jahre. Ich hätte nicht mehr gedacht, daß er noch einmal trinkt. Es war so schön, diese Zeit. Ich habe mich richtig erholt von all den langen, schlimmen Jahren. Und nun fängt es wieder von vorne an."

„Wie haben Sie es denn bemerkt?"

„Seit einiger Zeit schon ist mir sein Verhalten komisch vorgekommen. Er hat sich plötzlich wieder verändert. Ganz wie früher, habe ich gedacht. Das kam mir alles so bekannt vor. Aber ich wollte es einfach nicht wahrhaben. Ich habe ganz fest daran geglaubt, daß er nie mehr trinken würde. Und dann, gestern abend, da kam er mit einer Fahne nach Hause. Ich bin fast in Ohnmacht gefallen. Ich habe gleich die Kinder genommen und mich ins Schlafzimmer eingeschlossen. Er ist aber ruhig geblieben. Nach einiger Zeit bin ich wieder rausgekommen, da saß er ganz friedlich in der Küche und hat eine Zigarette geraucht, als ob nichts wäre. Ich habe meinen ersten Schock überwunden gehabt und habe es ihm auf den Kopf zugesagt, daß er wieder trinkt."

„Und?"

„Er hat es zugegeben, denken Sie sich. Er hat es nicht einmal abgestritten."

„Hat er keine Begründung dafür angegeben?"

„Nein. Er hat einfach gesagt, er würde wieder trinken. Schon seit einiger Zeit. Aber es sei ja nicht schlimm. Und so wie früher würde er nicht mehr trinken. Ich habe ihn dann gefragt, warum denn, und er habe doch eine Kur gemacht und versprochen, daß er es nicht mehr tun wolle. Aber er hat nur gemeint, es sei ihm lästig, ständig Apfelsaftschorle zu trinken. Ich kann mir natürlich denken, warum. Der hat so ein paar Kollegen, die alle gern trinken, und die haben sicher an ihm herumgemacht."

„Er hat es also nicht mehr ertragen, abstinent zu sein, als einziger, während alle anderen trinken."

„Ja, so ungefähr. Aber sagen Sie, was kann man denn dagegen machen?"

„Ich fürchte, gar nichts. Es sieht ganz so aus, als ob Ihr Mann ausprobieren will, ob er nicht doch kontrolliert trinken kann. Viele Alkoholkranke tun das, vor allem, wenn sie sich ihrer Abstinenz schämen. Erst wenn sie wieder richtig drinhängen und begriffen haben, daß sie nicht kontrolliert trinken können, kommen sie wieder zur Vernunft."

„Und Sie meinen, daß es bei meinem Mann genauso ist und es längere Zeit dauert, bis er wieder aufhören kann?"

„Ja, vermutlich."

„Kann man denn da gar nichts dagegen tun?"

„Ich will natürlich versuchen, mit ihm darüber zu reden. Nur befürchte ich, daß das auch nichts ändert. Denn die Erfahrung zeigt, daß niemand urplötzlich rückfällig wird. Zumeist stehen dahinter längere Überlegungen und eben der Wunsch, wieder zu trinken, auch wenn dieser Wunsch selten klar eingestanden wird. Ihr Mann aber hat Ihnen ganz klar zu verstehen gegeben, daß er wieder trinken will. Er will es nur mäßig tun."

„Aber Sie glauben nicht, daß er das fertigbringt?"

„Natürlich nicht. Mit der Zeit wird sein Alkoholkonsum wieder zunehmen, und er wird wieder trinken wie früher. Das ist nur eine Frage der Zeit."

„Wenn Sie ihm das bitte sagen würden, dann müßte er es doch einsehen ..."

„Ich will es gerne versuchen, aber machen Sie sich keine große Hoffnung. Ihr Mann wird nur das glauben, was er will. Und er will im Moment glauben, daß er wieder normal trinken kann. Wenn er wegen seiner Kollegen wieder trinkt, wie Sie vermuten, ist er sich wegen seiner Abstinenz wahrscheinlich immer mehr als Außenseiter vorgekommen. Solange man der einzige ist, der nichts trinkt, geschieht das schnell. Darum ist es ja so wichtig, daß man in eine Abstinenzgruppe geht, weil man dort erlebt, daß man mit seiner Krankheit und der Notwendigkeit, keinen Alkohol mehr zu trinken, nicht allein ist. Vor allem begreift man in einer solchen Gruppe mit der Zeit, daß Abstinentbleiben keine Einbuße an Lebensglück mit sich bringt, im Gegenteil. Dadurch hat man auch nie das Gefühl, ein Außenseiter zu sein. Ihr Mann ist leider viel zu bald wieder von der Gruppe weggeblieben, und so hat er diese Erfahrung nicht machen können. Fühlt sich ein Alkoholiker aber erst als Außenseiter, dann kann es leicht sein, daß langsam in ihm der Wunsch heranreift, auch wieder Alkohol trinken zu können. Und wenn er sich dann endlich dazu durchgerungen hat, wenn er endlich alle Hemmungen über Bord geworfen hat, und wenn er es geschafft hat, alles, was er von der Kur her weiß, zu verdrängen, dann trinkt er nicht nur ein einziges Mal. Dann trinkt er, um endlich wieder zu trinken, um endlich wieder dabeizusein. Und er redet sich ein, daß er es wieder könne, daß er schon aufpassen würde und so weiter ..."

„Ja, das stimmt, das vom Aufpassen. Das hat er auch gesagt. Er würde schon aufpassen, daß ihm das nicht noch einmal passiert, so wie früher."

„Und genau aus diesem Grund wird im Moment gar nichts nützen. Er hat die Entscheidung zum Wieder-Trinken getroffen und wird sich diese Entscheidung aller Wahrscheinlichkeit nach nicht ausreden lassen."

„Sie meinen also, das geht wieder gerade so weiter wie früher, mit all dem Elend?"

„Ja, darauf müssen Sie gefaßt sein."

„Das halte ich nicht mehr aus. Nicht noch einmal."

„Ich habe das Frauen schon oft sagen hören, und dann haben sie es doch wieder ausgehalten. Es kommt ganz darauf an, wie Sie sich darauf einstellen."

„Was soll ich denn machen, was meinen Sie mit ,darauf einstellen'? Heißt das, daß ich ihn einfach trinken lassen soll?"

„Was bleibt Ihnen anderes übrig? Egal, was Sie tun, Ihr Mann wird weiter trinken, so lange, bis er selber so weit ist, daß er wieder aufhören will, und das kann unter Umständen zwei, drei Jahre dauern. Wenn Sie Glück haben, ist er nach einem halben Jahr schon soweit. Das kann man im voraus nie wissen."

„Dann lasse ich mich scheiden. So lange halte ich das nicht mehr aus."

„Das können Sie natürlich tun, aber ich vermute, Sie sagen das im ersten Schock so daher und meinen es gar nicht richtig ernst."

„Ja, das stimmt schon. Ich bin eben so verzweifelt. Aber ich würde schon wegen meiner Kinder nicht. Sie hängen nämlich an ihm."

„Ich denke, daß Sie schon besser mit der Situation umgehen können, wenn einmal der erste Schock bei Ihnen vorbei ist. Dann können Sie auch wieder sachlicher reagieren, so, wie wir es vor Jahren besprochen haben. Und da Ihr Mann im Moment noch nicht so schlimm trinkt, ist es ja auch nicht so schwer, daß Sie sich wieder auf sein Trinken einstellen. Vielleicht schaffen Sie es besser, als Sie jetzt befürchten, und vielleicht dauert es auch nicht so lange."

„Und was mache ich, wenn er gar nicht mehr aufhört und es immer schlimmer wird?"

122

„Ich denke, das werden Sie merken. Wir können ja im Gespräch bleiben. Wenn Sie es gar nicht mehr aushalten und er nach wie vor nicht bereit ist, wieder in Therapie zu gehen, können Sie sich immer noch von ihm trennen. Doch vermutlich wird es so weit nicht kommen. Ihr Mann hat schon einmal aufgehört, und er weiß eine Menge aus seiner Kur. Das macht die Chance groß, daß er eines Tages wieder die Kurve kriegen wird."

„Wird ihm denn dann noch einmal eine Kur bezahlt?"

„Da können Sie ganz beruhigt sein. Wenn er damit einverstanden ist und es sich zeigt, daß er den Rückfall ambulant nicht aufarbeiten kann, bekommt er auch eine zweite Kur bezahlt."

„Also das beruhigt mich, was Sie da sagen. Ich sehe nun nicht mehr so ganz schwarz in die Zukunft. Ich muß es halt versuchen, ruhig zu bleiben."

„Ich wünsche Ihnen viel Kraft dazu und hoffe mit Ihnen, daß es nicht so lange dauert."

Bin ich am Rückfall meines Mannes schuld?

„Nun ist es wieder soweit, er trinkt wieder! Ich habe es schon eine ganze Zeitlang geahnt. Er war so anders in letzter Zeit, genauso wie in seiner Trinkzeit, und dann habe ich wieder Flaschen entdeckt. Er streitet natürlich alles ab, aber das kenne ich ja. Und in die Gruppe geht er natürlich auch nicht mehr mit. Er hat tausend Ausreden; dabei hat es ihm früher immer so gut gefallen. Das Schlimme dabei ist nur, ich frage mich ununterbrochen, was ich dabei falsch gemacht habe. Ich bin mit ihm in die Gruppe gegangen, ich habe ihn wieder Verantwortung übernehmen lassen. Ich habe versucht, ihn nicht zu kontrollieren und zu überwachen, ihm wieder zu vertrauen ... es hat alles nichts genützt. Ich bin ganz verzweifelt ..."

„Ich glaube auch, daß Sie etwas falsch gemacht haben, nur denke ich vermutlich an etwas anderes als Sie."

„An was denken Sie?"

„Ich denke, daß Sie wieder versucht haben, alles für ihn zu tun und daß Sie, nachdem das nicht zum Erfolg geführt hat, nun auch wieder sich die Schuld an seinem Rückfall geben müssen."

„Ach, so meinen Sie das. Aber wie hätte ich mich denn anders verhalten sollen?"

„Sie hätten sich nicht anders verhalten sollen. Sie sollten sich endlich von dem Gedanken frei machen, als ob Sie irgend etwas dazu tun könnten, daß Ihr Mann trokken bleibt. Denn das kann nur er selber. Machen Sie sich doch endlich frei von dem Gedanken, daß Sie mit dem Rückfall Ihres Mannes etwas zu tun haben. Wenn er jetzt wieder trinkt, ist das ganz allein seine Entscheidung. Sie können weder erreichen, daß er trocken bleibt, und jetzt auch nicht, daß er wieder trocken wird."

„Sie meinen also, daß ich mir keine Schuld zu geben brauche?"

„Ja. Trotzdem sollten Sie an sich arbeiten. Denn mit Ihrer Einstellung machen Sie sich doch selber krank."

„Sie meinen damit, daß ich schon wieder angefangen habe, mich darum zu sorgen, was für ihn alles richtig ist?"

„Ja, genau das."

„Ich weiß, ich weiß. Ich will es eigentlich gar nicht, und trotzdem rutsche ich immer wieder in dieses Verhalten rein."

„Und warum? Warum werden auch Sie rückfällig?"

„Ich weiß es nicht."

„Was hat es denn für einen Sinn für Sie?"

„Gar keinen! Ich mache mich doch nur selber wieder kaputt damit."

„Und doch muß es einen Sinn für Sie haben, sonst würden Sie es nicht wieder tun."

„Aber welchen?"

„Denken Sie doch einmal darüber nach, was Sie tun, und warum es für Sie wichtig ist, sich so zu verhalten."

„Sie meinen, daß es mir was bringen würde ...?"

„Sie wissen es doch selbst am besten ..."

„... ja, ich glaube, daß ich immer noch das Bemuttern brauche, weil ich mich unsicher fühle, wenn ich nicht alles im Griff habe. Ich glaube schon, daß es das ist."

„Und nun macht Ihr Mann mit seinem Rückfall Ihnen wieder deutlich, daß das nicht funktioniert. Sie sorgen sich und kümmern sich ständig um ihn und sein Wohlergehen und vergessen darüber sich selber, und dann nützt es doch nichts. Ich glaube, daß es von daher kommt, daß so viele Frauen, wenn ihr Mann rückfällig wird, sich sofort fragen, was sie falsch gemacht haben. Und dabei ist diese Fragestellung höchst gefährlich."

„Wie meinen Sie das?"

„Ganz einfach. Solange Sie sich noch fragen, was Sie falsch gemacht haben, müssen Sie auch wieder aktiv werden, um es wieder richtig zu machen, und genau damit geraten Sie erneut in das falsche Helferverhalten."

„Und Sie meinen, daß ich da schon wieder dabei bin?"

„Ich weiß es nicht. Ich wollte Ihnen nur klarmachen, daß die Gefahr sehr groß ist, solange Sie sich noch schuldig fühlen. Und wenn Sie erst wieder in den alten Kampf gegen den Alkohol eintreten, dauert der Rückfall Ihres Mannes sicher länger."

„O, nur das nicht. Mir liegt ja selber daran, daß er so schnell wie möglich wieder davon loskommt."

„Dann ist es wichtig, daß Sie sich so schnell wie möglich von dem Rückfall Ihres Mannes distanzieren und sich nicht wieder mit hineinziehen lassen. Denn sonst verhalten Sie sich schon bald wieder wie früher."

„Sie meinen, daß ich damals auch alles für ihn getan habe, als ich ihn immer im Geschäft entschuldigt habe und seine Schulden bezahlt habe?"

„Genau das meine ich. Die Gefahr, daß Sie das wieder tun, ist ziemlich groß, da Sie sich von der Haltung, alles für ihn zu tun, nicht einmal in seiner trockenen Zeit haben trennen können."

„Ja, das stimmt. Ich glaube, ich habe begriffen, um was es geht. Es ist halt sehr schwer, einfach zusehen zu müssen und gar nichts tun zu können."

„Aber genau darauf kommt es an. Nur so schaffen Sie es, Ihrem Mann die Zeit zu lassen, die er braucht, um seinen Rückfall wieder aufarbeiten zu können. Gehen wenigstens Sie weiter in die Gruppe. Dadurch wird es Ihnen leichter, mit allem fertigzuwerden."

„Ja, das will ich auch tun. Ich merke selber, wie wichtig es für mich ist, jemanden zu haben, mit dem ich über das alles reden kann. Und von selber merke ich ja doch nicht, wenn ich wieder Fehler mache und in mein altes Verhalten zurückfalle. – Aber eine Frage habe ich noch. Schadet denn so ein Rückfall nicht, ich meine, ist das denn nicht schlimm, für den Alkoholiker, meine ich ..."

„Doch, natürlich. Es gibt keinen Rückfall, der nicht Folgen für den Alkoholkranken und natürlich auch für seine Familie hätte. Das erneute Trinken wird ihm in jedem Fall gesundheitlich schaden. Welche weiteren Folgen es haben kann, wissen Sie ja sicher. Er kann seinen Arbeitsplatz verlieren oder mit dem Auto einen Unfall bauen und so weiter. Sie können nur hoffen, daß es nicht so schlimm kommt."

„Ja, das ist es. Da zittere ich deswegen schon wieder die ganze Zeit."

„Der Rückfall hat ganz sicher auch finanzielle Folgen."

„Das ist nicht so schlimm, ich meine, mir ist das nicht so schlimm. Er hat damals, als er zum ersten Mal aufgehört hat mit

Trinken, nach seiner Kur, seine Schulden sehr schnell wieder runtergehabt."

„Und dann hat der Rückfall auf jeden Fall noch seelische Folgen für Ihren Mann. Seine Sicherheit, die er nach seiner Kur gewonnen hat, ist hin. Jetzt weiß er, daß er rückfällig werden kann und daß er nie mehr die letzte Sicherheit hat, abstinent bleiben zu können. Aber das kann auch heilsam sein für ihn. Wenn er es wieder geschafft hat, von seinem Trinken loszukommen, wird er wahrscheinlich viel bewußter abstinent leben als vorher. Manche Alkoholkranke brauchen geradezu einen Rückfall, um endlich zu begreifen, daß sie mehr für sich tun müssen als seither. So muß ein Rückfall nie nur eine Katastrophe sein, sondern kann auch für eine gute Weiterentwicklung Ansporn werden. Es kommt immer darauf an, wie man solche Erlebnisse verarbeitet."

„Nun, das klingt wenigstens ein bißchen tröstlich, und ich muß nicht mehr alles so negativ sehen. Wenn es nur erst soweit wäre, daß er wieder los ist ..."

„Ich kann es Ihnen nachfühlen und kann Ihnen nur die Kraft wünschen durchzuhalten. Und wenn Sie außer der Gruppe wieder jemand brauchen, mit dem Sie darüber reden wollen, kommen Sie ruhig wieder vorbei."

Mein Mann will sich wegen einer anderen Frau von mir trennen

„Ich bin ganz verzweifelt, mein Mann will nichts mehr von mir wissen. Er hat in seiner Kur eine andere gefunden. Ich habe es damals schon gemerkt, daß irgend etwas nicht stimmt. Ich habe mich von Anfang an gefragt, ob er wohl noch zu mir zurückkehrt. Aber nachdem er dann die andere Frau gefunden hat, war es ganz aus. Jetzt will er sich von mir scheiden lassen und zu der anderen gehen."

„Ich weiß es. Ich habe mit Ihrem Mann bereits gesprochen. Aber er will sich nicht umstimmen lassen."

„Aber das ist doch nicht richtig, was der macht. Ich habe die ganzen Jahre, wo er getrunken hat, ausgehalten mit ihm. Ich habe dafür gesorgt, daß die Familie durchkam. Wenn der mich nicht gehabt hätte, wäre schon lange alles kaputt. Aber nun, wo er vom Alkohol weg ist, braucht er mich nicht mehr. Da schiebt er mich auf die Seite wie ein Stück Dreck."

„Ich kann mir vorstellen, daß das sehr hart für Sie ist."

„Warum macht er das nur?"

„Haben Sie darüber noch nicht miteinander gesprochen?"

„Doch, natürlich. Er wirft mir vor, ich wäre zu wenig weich, ich würde keine Gefühle zeigen, ich wäre nicht fraulich genug. Das mag ja stimmen, aber was soll ich denn machen? Irgendwer muß doch die Sache in die Hand nehmen. Er hat sich nie um etwas gekümmert. Er hat immer alles mir überlassen. Und ich habe es eben gemacht. Ich bin das gewohnt von Kind auf. Mir wurde nichts geschenkt. Ich habe schon früh zugreifen müssen. Schmusen oder so Gefühlsduseleien hat es bei uns zu Hause nicht gegeben. Ich bin das auch nicht gewöhnt."

„Er hat mir gesagt, daß er sich bei Ihnen immer unterdrückt gefühlt habe."

„Das ist doch lächerlich. Ich glaube eher, daß er sich immer hat alles gefallen lassen. Das war doch nicht nur bei mir so. Der hat immer alles geschluckt. Das ist es doch. Ich habe mich immer um alles kümmern und auch noch für ihn sorgen und denken müssen. Sonst lief nichts."

„So, wie er mir erzählt hat, hat er nun eine Frau kennengelernt, die genau das Gegenteil von Ihnen ist ..."

„Ach ja, die ist sehr weich und weiblich und liebevoll zu ihm, die versteht ihn ganz anders als ich, und die will ihn nicht bestimmen, die bewundert ihn. Und die ist sehr anschmiegsam. Das hat er mir alles gesagt. Der wird sich noch wundern, wenn er bemerkt, daß sich niemand mehr um ihn kümmert."

„Vielleicht hat er in seiner Therapie gelernt, das jetzt selber zu tun."

„Das kann er doch. Das kann er doch bei mir auch. Er soll sich endlich mal um seine Familie kümmern und um seine Kinder. Aber das tut er nach wie vor nicht. Das muß weiterhin ich tun. Seit der aus seiner Kur zurück ist, lebt der zu Hause, als ob er gar nicht mehr zu uns gehören würde."

„Und wie will er es denn mit den Kindern machen?"

„Die darf ich behalten. Natürlich! – Na, Gott sei Dank, sage ich, die kann er mir wenigstens nicht nehmen."

„Das klingt gerade so, als ob Sie sich mit der Tatsache, daß Ihr Mann Sie verlassen will, schon ein Stück weit abgefunden hätten."

„Was will ich denn machen? Ich kann ihn ja nicht halten. Er sagt, es gäbe nichts mehr, was ihn mit mir verbindet und was zwischen uns sein könnte."

„Und wie sehen Sie das?"

„Ich weiß es auch nicht recht. Irgendwie habe ich während seiner Trinkzeit schon das Gefühl gehabt, daß ich besser ohne ihn durchs Leben kommen würde. Auch die Kinder hätten es besser. Er hat sich ohnehin nie um sie gekümmert. Aber auf der anderen Seite kann ich es auch nicht so einfach hinnehmen, nun auf die Seite geschoben zu werden."

„Wenn ich Sie richtig verstehe, ist aber auch auf Ihrer Seite nicht mehr viel Gefühl für ihn da?"

„Gefühl, ich weiß es nicht. Das wirft er mir ja vor, daß ich nichts fühlen würde. Ich weiß nur, daß ich ihn schon noch gern habe. Aber es ist richtig, ich kann das halt nicht so zeigen."

„Ganz offensichtlich genügt das Ihrem Mann jetzt nicht mehr. Er hat jetzt durch die andere Frau erfahren, wie es ist, wenn er mehr Gefühl erhält. Er hat mir das sehr ausführlich geschildert. Er hat auch gesagt, daß er von dieser Frau einfach nicht mehr loskommt, weil er sich bei ihr ganz anders fühle als bei Ihnen."

„Das hat er mir alles auch erzählt. Es ist ja nicht so, als ob wir deswegen Streit hätten. Aber an mich denkt er dabei nicht. Daß ich mit den Kindern dasitze und sehen kann, wie ich durchkomme, das ist ihm gleich. Klar, er hat mir großzügig versprochen, den Unterhalt regelmäßig zu zahlen. Ich muß ja noch dankbar sein, daß er so großzügig ist."

„Die Verbitterung, die aus Ihren Worten spricht, ist verständlich. Sie haben viel mitgemacht in seiner Trinkzeit, und jetzt war das alles umsonst. Und dann zieht er Ihnen eine andere vor und gibt Ihnen zu verstehen, daß er Sie nicht mehr braucht. Ich kann mir vorstellen, daß das weh tut."

„Das ist es. Ich komme mir so richtig ausgenützt vor. Solange er mich brauchte, da war ich ihm recht, aber jetzt … Es kommt mir gerade so vor, als ob ich als Frau nichts taugen würde."

„Ich glaube, Sie lassen sich hier durch die Vorwürfe Ihres Mannes in eine falsche Richtung drängen. Die Tatsache, daß Ihr Mann nichts mehr von Ihnen wissen will, hat doch mit Ihrem Wert als Frau gar nichts zu tun. Wenn Sie wenig Gefühle zeigen können, ist das ja kein angeborener Schaden, sondern etwas, das Sie lernen können, zu verändern. Wenn Ihr Mann Sie jetzt verläßt, hat das viel mehr damit zu tun, daß er in seiner Therapie begriffen hat, daß er aus seiner Kindrolle heraus muß. Und wahrscheinlich traut er sich das bei Ihnen einfach nicht zu, weil Sie zu stark für ihn sind. Bei einer weichen, anschmiegsamen Frau, die er nun gefunden hat, gelingt ihm das wahrscheinlich leichter."

„Ja, ja, ich weiß, ich bin halt schlechter als die andere. Ich meine das nicht ironisch. Ich denke wirklich so."

„Ich habe gerade schon versucht, Ihnen anzudeuten, daß das Weggehen Ihres Mannes wahrscheinlich mit Ihnen viel weniger zu tun hat als mit ihm selber. Ich weiß auch, daß bei den meisten Alkoholkranken, die sich nach ihrer Therapie von ihrem Partner trennen, der unbewußte Wunsch dahintersteht, Leben nachzuholen. Sie können es einfach nicht verkraften, daß sie durch ihre Trinkerei so viele Jahre ihres Lebens versäumt haben. Und nun glauben sie, daß sie das in ihrer Familie, wo sie angebunden sind und Verantwortung übernehmen müssen, nicht können."

„Da können Sie schon recht haben. Er hat mir nämlich gesagt, daß er endlich frei sein will."

„Nun, wenn das so ist, dann ist doch auch deutlich, daß sein Wegwollen mit Ihnen wenig zu tun hat. Dann geht er nicht weg, weil Sie schlechter sind als die andere, sondern weil er glaubt, bei der anderen weniger Verantwortung übernehmen zu müssen."

„Trotzdem ... es verletzt mich trotzdem ..."

„Was ich daran bedenklich finde, ist, daß er wieder den bequemeren Weg geht. Ich persönlich bin der Meinung, daß eine Eheschließung auch die Verpflichtung in sich birgt, Krisen zu überwinden und zu versuchen, einen Weg zu finden, den man miteinander gehen kann. Meistens halten ja die Beziehungen, die man nach dem Ausbrechen aus der Ehe eingeht, nicht lange, und sie werden immer häufiger gewechselt. Aber Ihr Mann hat sich nun einmal so entschieden, und er ist nicht bereit, seine Ansicht zu ändern. Das ist eine Tatsache, mit der Sie sich wohl oder übel abfinden müssen."

„Ja, das habe ich schon begriffen. Schmerzlich ist es für mich trotzdem."

„Da nun nichts mehr zu ändern ist, können Sie diese Situation auch als Chance nehmen, Ihr Leben neu und anders zu gestalten. Im Grunde hatten Sie ja auch vorher keinen Mann und haben Ihr Leben zusammen mit den Kindern doch so geschafft. Im Gegenteil, jetzt sind Sie die Belastung, die die Krankheit Ihres Mannes bedeutet hat, los, und damit sind Sie viel freier als vorher. Ich glaube, wenn Sie der Situation die guten Seiten abgewinnen, wird es für Sie auch leichter, damit fertigzuwerden."

„Sie haben schon recht, was bleibt mir anderes übrig. Ich muß es halt versuchen."

Können Sie mir raten, einen trockenen Alkoholiker zu heiraten?

„Ich habe ein Problem, über das ich gern einmal mit Ihnen reden würde. Ich habe einen Mann kennengelernt, den ich gerne heiraten möchte. Aber ich bin mir nicht ganz sicher."

„Und was ist das Problem dabei?"

„Nun, er hat mir gesagt, daß er Alkoholiker ist. Er hat eine Kur gemacht und ist seit etwa zwei Jahren trocken."

„Und nun sind Sie sich nicht sicher, ob das ratsam ist?"

„Ja, man hört doch so vieles von Rückfällen, und meine Eltern warnen mich auch davor. Die sagen rundheraus, das sei doch unmöglich, einen Alkoholiker zu heiraten. Ich würde mir damit nur Schwierigkeiten aufladen. Die vertreten die Meinung, daß Alkoholiker Asoziale wären, aber das stimmt nicht. Ich kenne den Mann nun schon seit vier Monaten. Er ist fleißig und auch sonst ein feiner Mensch. Was meinen denn Sie dazu?"

„Grundsätzlich gar nichts. Ich kann Ihnen weder zu- noch abraten. Das hat jedoch nichts damit zu tun, daß Ihr Bekannter ein Alkoholiker ist, sondern einfach damit, daß eine Partnerwahl letztlich immer ein Risiko ist. Ich kann zwar vorher gründlich prüfen, ob ich glaube, mit diesem Partner ein Leben lang zusammenleben zu können, und ob ich mit seinen Eigenarten klarkomme und ihn trotzdem lieben kann. Aber eine letzte Sicherheit habe ich nie. Menschen entwickeln und verändern sich."

„Ja, das ist mir klar. Wir verstehen uns aber sehr gut, und ich kann mir wirklich denken, daß wir zusammenleben können. Wir wollen natürlich jetzt eine Weile warten, um uns noch besser kennenzulernen, aber dann ..."

„Damit haben Sie Ihre Entscheidung doch bereits getroffen."

„Im Grunde ja, aber meine Eltern haben mich doch ein wenig verunsichert. Und ich denke, Sie können doch eher abschätzen, ob eine solche Beziehung ratsam ist und gutgehen kann oder nicht, schon wegen der Rückfallgefahr."

„Da muß ich Sie schon wieder enttäuschen. Ich kann Ihnen das wirklich nicht sagen. Es gibt viele Alkoholiker, die bleiben trocken, und es gibt andere, die wieder rückfällig werden. Auch wenn ich Ihren Bekannten kennen würde, könnte ich Ihnen nicht mit Sicherheit sagen, ob er trocken bleibt oder nicht. Der Alkoholiker selber kann Ihnen diese Garantie nicht geben. Diejenigen, die ihre Krankheit begriffen haben, sagen selber, daß sie hoffen, trocken zu bleiben, daß sie aber mit Sicherheit selber nicht sagen können, ob ihnen das auch gelingen wird. Eine Garantie kann Ihnen niemand geben."

„Ja, das ist mir klar ..."

„Irgendein Unbehagen ist immer noch in Ihnen da?"

„Wenn ich ehrlich bin, so ein bißchen. Es wird doch immer wieder behauptet, daß Alkoholiker sich oft sehr schwierig entwickeln, ich meine, daß man mit ihnen Probleme bekommen würde ... daß sie halt nicht so wären wie andere Menschen."

„Nun, daß die Ansicht Ihrer Eltern nicht stimmt, haben Sie schon selber bemerkt. Daß Alkoholiker Asoziale sind, ist ein Vorurteil, das sich hartnäckig hält. Natürlich gibt es unter Alkoholikern auch Asoziale, wie unter Nichtalkoholikern. Solange ein Alkoholkranker trinkt, kann er sich asozial verhalten, aber das ist dann kein Wesenszug von ihm, sondern Ausdruck seiner Krankheit. Alkoholiker, die vom Alkohol los sind, sind völlig normale Menschen, die man von Nichtalkoholikern nicht mehr unterscheiden kann. Es kam schon vor, daß in unseren Abstinenzgruppen Fremde, die dabei waren, gefragt haben, wo denn nun die Alkoholiker wären. Ich glaube, das macht es am deutlichsten, wie dumm solche Vorurteile sind. Häufig kommt es vor, daß trockene Alkoholiker auch im Betrieb aufsteigen, weil man ihnen sehr schnell Vertrauen entgegenbringt. Trockene Alkoholiker mühen sich meist mehr als andere, weil sie sich selber und ihrer Umgebung zeigen wollen, daß sie eben nicht so sind, wie man meint, daß Alkoholiker seien. Wenn Sie schon nach einem Unterschied suchen, dann besteht er wohl darin, daß trockene Alkoholiker in der Regel bewußter leben, weil sie eine schwere Krankheit und damit verbunden ein schweres Schicksal gemeistert haben. Die Überwindung einer schweren Krankheit führt meist zu einer größeren Reife. Manche

Alkoholiker können darum sagen, daß sie froh sind, Alkoholiker geworden zu sein, weil diese Krankheit sie gezwungen hat, in ihrer Entwicklung nicht stehenzubleiben, sondern an sich zu arbeiten und sich seelisch weiterzuentwickeln. Das unterscheidet sie von vielen anderen Menschen."

„Genau das ist es, was ich wissen wollte. Ich habe das wohl bei meinem Bekannten gefühlt, aber nicht so klar in Worte fassen können."

„Das alles trifft natürlich nur zu, wenn der Betroffene wirklich an sich arbeitet. Leider gibt es auch immer wieder solche, die sich damit begnügen, nicht mehr zu trinken, aber in ihrer seelischen Entwicklung steckenbleiben. Mit ihnen kann es schon zu größeren Schwierigkeiten im Zusammenleben kommen."

„O, vielen Dank. Sie haben mir trotzdem meine Bedenken genommen. Ich glaube schon, daß mein Bekannter nicht stehengeblieben ist. Sicher, Probleme werden wir auch bekommen, aber die gibt es ja in jeder Ehe."

„Das ist richtig. – Ich möchte Sie jedoch gern noch auf etwas hinweisen: Sie müssen sich damit abfinden, daß Ihr Bekannter, solange er lebt, keinen Alkohol mehr trinken kann. Er muß alkoholabstinent leben, um nicht rückfällig zu werden. Dieser Unterschied besteht zu Nichtalkoholikern."

„Ja, das weiß ich. Das hat er mir gesagt."

„Ich sage es Ihnen deshalb, weil es manche Frauen gibt, die es schwer verkraften können, wenn ihr Mann in Gesellschaft nicht mehr mittrinken kann."

„Da bin ich mir sicher, daß mir das nichts ausmacht. Aber wenn Sie schon darauf zu sprechen kommen: Wie groß ist denn die Wahrscheinlichkeit, daß es zu einem Rückfall kommen kann?"

„Wie ich Ihnen schon gesagt habe, im Einzelfall läßt sich das nicht sagen. Mit dieser Unsicherheit müssen Sie schon leben, wenn Sie Ihren Bekannten heiraten. Ich kann Ihnen nur sagen, daß es nicht einfach sein wird, wenn er rückfällig werden sollte. Doch mit diesem Problem sollten Sie sich erst auseinandersetzen, wenn es eintritt."

„Meinen Sie denn, daß ich das schaffen kann?"

„Das ist keine Frage des Könnens, sondern des Wollens. Wenn

Sie Ihren Partner lieben und mit ihm zusammenbleiben wollen, werden Sie auch damit klarkommen, wie viele andere Frauen auch. Aber wie gesagt, es muß ja gar nicht soweit kommen."

„Das denke ich auch. Vielen Dank, Sie haben mir wirklich sehr geholfen."

Gruppe – ja oder nein?

Die Frage, ob man sich einer Gruppe anschließen soll oder nicht, wird unter Alkoholikern und auch Angehörigen immer wieder diskutiert: Ist es nach einer stationären Therapie überhaupt notwendig, in eine Abstinenzgruppe zu gehen, macht man sich dadurch nicht nur von der Gruppe abhängig, und sollte man nicht besser seinen Weg alleine gehen?

Oft wird angeführt, daß die Alkoholiker, die keine Gruppe besuchen, wieder rückfällig werden. Darum sei Gruppe notwendig. Doch auch diese Behauptung stimmt nur bedingt. Richtig ist, daß von denen, die nach ihrer stationären Therapie eine Abstinenzgruppe besuchen, die wenigsten rückfällig werden. Doch gibt es auch eine ganze Reihe von Alkoholikern, die sich nie einer Gruppe angeschlossen haben und doch trockengeblieben sind. Also, was nun? Gerade der Angehörige weiß am wenigsten, was richtig ist. Er verläßt sich zumeist auf das, was der Alkoholiker ihm sagt.

Will man die Frage, ob Gruppe oder nicht, entscheiden, sollte man vorher wissen, was man erreichen will. Wem es genügt, trocken zu sein und zu bleiben, ohne sich in seiner Persönlichkeit weiterzuentwickeln – das gilt sowohl für den Alkoholiker wie für seine Angehörigen –, der mag durchaus ohne Gruppe auskommen, muß sich aber bewußt bleiben, daß die Gefahr, wieder rückfällig zu werden, ohne Gruppe größer ist. Wer jedoch begriffen hat, daß seine Krankheit Alkoholismus gerade dadurch entstand, daß er in seiner Persönlichkeit erhebliche Reifungsdefizite hatte, der wird daran interessiert sein, die durch eine Therapie eingeleitete Änderung seines Verhaltens weiterzuentwickeln. Auch für Angehörige von Alkoholikern hat sich erwiesen, wie wichtig es ist, daß sie ihre Einstellungen und Verhaltensweisen verändern, um zu einem harmonischeren Miteinander zu kommen. Eine solche persönliche Veränderung wird durch die Teilnahme an Abstinenzgruppen wesentlich gefördert.

Ohne Gruppe fehlen bald die Anregungen dazu, und die alten, krankmachenden Verhaltensmuster schleichen sich wieder ein. Ohne Gruppe fehlt einem der Spiegel, in dem man sich immer wieder erkennen kann und in dem man sieht, wo man steht. Ohne Gruppe fehlt einem die Möglichkeit, in eine frohe, alkoholfreie Geselligkeit hineinzuwachsen und neue Freunde zu finden. Mit Hilfe einer Gruppe bewältigt man die ersten schweren Jahre besser. Das alles trägt wesentlich dazu bei, zu einer zufriedenen Nüchternheit zu gelangen und den Wert der Alkoholabstinenz zu erkennen.

Die vorausgegangenen Gespräche haben deutlich gemacht, daß auch nach einer Therapie und eingetretener Abstinenz noch lange nicht alle Probleme gelöst sind. Wo anders als in einer Abstinenzgruppe findet man Menschen, die vom gleichen Problem betroffen sind und mit denen man offen darüber reden kann?

Abstinenzgruppen bieten darum viele Vorteile. Wer für sich weitere Hilfe haben will, geht in eine Gruppe.

Was für Gruppen gibt es?

Da es verschiedenartige Abstinenzgruppen in der Bundesrepublik Deutschland gibt, stellt sich oft die Frage, in was für eine man gehen soll. Grundsätzlich geht es allen Abstinenzgruppen um das oben Gesagte. Von ihrer Geschichte und Struktur her sind sie jedoch verschieden, was sich in den Formen des Gruppenlebens ausdrückt. Darum sollen im folgenden die einzelnen Gruppen kurz beschrieben werden.

Blaukreuz-Gruppen

Blaukreuz-Gruppen sind evangelisch-christliche Gruppen und gleichzeitig die ältesten Gruppen in Deutschland. Sie bestehen seit 1885; Vorläufer gab es noch früher. Das Hilfsangebot des Blauen Kreuzes wendet sich an die ganze Familie. Neben den Gruppengesprächen werden alkoholfreie Geselligkeit und biblische Orientierung angeboten. Seminare und Freizeiten ergänzen das Angebot. Um Mitglied werden zu können, muß man sich zur Abstinenz verpflichten.

Guttempler-Gruppen

Guttempler-Gruppen sind bewußt überkonfessionelle Gruppen und ordensmäßig ausgerichtet. Die Ordensziele sind Brüderlichkeit, Frieden und abstinente Lebensweise. Die Ordensmitglieder leben darum abstinent. Neben Gruppengesprächen und alkoholfreier Geselligkeit besteht eine starke Öffentlichkeitsarbeit. Guttempler-Gruppen gibt es in Deutschland seit 1889.

Kreuzbund-Gruppen

Kreuzbund-Gruppen sind katholisch-christliche Gruppen. Sie bestehen in Deutschland seit 1895. Ihr Angebot: Gruppengespräche und alkoholfreie Geselligkeit, Seminare und Freizeiten. Die Gruppenmitglieder leben abstinent.

Anonyme Alkoholiker (AA) und Al Anon

Die Anonymen Alkoholiker entstanden 1935 in Amerika und haben seit ungefähr 1950 auch in der Bundesrepublik Gruppen. Sie sind reine Selbsthilfegruppen. An den Gruppengesprächen (Meetings) können nur Alkoholiker – ob naß oder trocken – teilnehmen. Nichtalkoholiker sind nicht zugelassen. Offene Meetings dienen zur Information der Öffentlichkeit. An diesen kann jedermann teilnehmen. Die Angehörigen der Anonymen Alkoholiker haben sich ihre eigenen Gruppen geschaffen, die sogenannten Al-Anon-Gruppen. Es besteht eine starke Öffentlichkeitsarbeit. Beide Gruppen arbeiten nach einem Zwölf-Schritte-Programm.

Freundeskreis-Gruppen

Freundeskreis-Gruppen sind lose Gruppierungen, die in Zusammenarbeit mit den Beratungsstellen ungefähr ab 1960 entstanden sind. Angebot: Gruppengespräche und alkoholfreie Geselligkeit. Viele Freundeskreise haben sich inzwischen vereinsmäßig organisiert und auf Bundesebene zusammengeschlossen.

+ + +

Welche Gruppen am Ort oder in der näheren Umgebung zu finden sind, ist am besten bei den Suchtberatungsstellen oder Gesundheitsämtern zu erfahren.

Darüber hinaus bietet auch fast jede Beratungsstelle feste therapeutische Gruppen an, die eine bestimmte Zeit miteinander arbeiten mit dem Ziel, konkrete Lebensprobleme zu verändern.

Nehmt einander an

Untersucht man den persönlichen Hintergrund von Suchtkranken, findet man immer wieder am Leben leidende Menschen. Oft findet man in ihrer Kindheit, daß sie nicht richtig geliebt und angenommen waren. Unter diesem Mangel haben sie gelitten, haben versucht, durch alle möglichen Leistungen diesen Mangel auszugleichen, um doch noch die Erfahrung zu machen, angenommen und geliebt zu sein. Im Alkohol haben sie dann Ersatz gefunden, der sie dieser Mühe enthoben hat.

Zwar ist dies nicht die einzige Suchtursache, es gibt deren viele. Aber das Grundgefühl, nicht geliebt und nicht angenommen zu sein, findet sich fast immer. Dieses Grundgefühl muß nicht unbedingt zur Sucht führen. Es kann auch anders ausgeglichen werden. Aber es ist eine Erfahrung, an der wir alle mehr oder weniger leiden.

Jesus hat um diesen Schaden gewußt und durch sein ganzes Leben versucht, ihn zu heilen. Er hat in einer Art und Weise geliebt und auch die von der Gesellschaft Ausgestoßenen angenommen, wie wir das nur unvollkommen können. Er hat vergeben, wo andere verstoßen und verdammt haben, und hat seine Jünger selber zur Vergebung angehalten. Jesus hat gewußt, daß Vergebung Voraussetzung dafür ist, sich gegenseitig wieder annehmen und lieben zu können. Und er hat deutlich gemacht, daß wir darin den Willen Gottes erfüllen. Denn Gott will unser Leben, nicht die Verdammnis. In diese aber geraten wir automatisch, wo wir den anderen in Haß und Unversöhnlichkeit von uns stoßen. Jesus hat seinen Jüngern gezeigt, wie viel schöner es ist, einander zu vergeben, anzunehmen und Gemeinschaft zu halten. Und sie haben es begriffen. Darum mahnt Paulus im Neuen Testament (Römer 15,7): „Nehmt einander an, wie Christus euch angenommen hat."

Darum geht es auch in den vorausgegangenen Gesprächen. In der Trinkzeit des Alkoholkranken ist sicher viel Leid geschehen, mußte viel Schweres ertragen werden. In manchem mag die Liebe zum Partner erkaltet sein. Jesus zeigt uns mit seinem Verhalten die Überwindung dieser Kluft. Wir sind letztlich alle schwache und versagende Menschen. Wir sind egoistisch, weil wir selber zu wenig echte Liebe und Angenommensein erfahren haben. Wo wir uns von Jesus und seiner Liebe anstecken lassen, können wir diesen Schaden überwinden.

So kann gerade der Aufruf des Paulus: „Nehmt einander an, wie Christus euch angenommen hat" zum Grundstein für die Ehe danach werden. Wo in diesem Sinn versucht wird, die Vergangenheit mit all ihren schweren und verletzenden Erinnerungen zu bewältigen, da kann etwas Neues werden.

Ganz praktisch sieht das so aus, daß man sich wieder vergibt und liebt. Wo dies der Grund einer Partnerschaft wird, kann die Partnerschaft heil werden. Ja, da wird nicht nur die Partnerschaft heil, da werden beide, der, der das Angenommenwerden empfängt, und der, der es gibt, heil. Hier erst wird auch die Grundlage für eine dauerhafte Abstinenz geschaffen. Denn wo die Erfahrung des Geliebt- und Angenommenwerdens gemacht wird, ist Alkohol als Ersatz nicht mehr nötig. Da hört das Suchen und Streben nach Lebensglück auf, da wird es erfahren. Jetzt erst kann man so sein, wie man ist, und muß nicht mehr danach streben, dem anderen zu gefallen und so zu sein, wie man meint, daß er einen haben will. Dadurch erst wird die Entfaltung des eigenen Lebens möglich, man kann wachsen und reifen: reifen zum liebesfähigen Menschen, der immer fähiger wird, den anderen zu lieben, und reifen zum Miteinanderleben, anstatt sich gegenseitig zu verletzen.

Jesus hat uns diese Liebe vorgelebt und ruft uns in seine Nachfolge. Da, wo wir ihm auch darin nachfolgen und uns gegenseitig annehmen in aller Schwachheit und Fehlerhaftigkeit, können wir gesund werden, da wird die Vergangenheit überwunden.

Eine Angehörige eines Alkoholkranken hat das treffend beschrieben: „Für das, was ich Schlimmes erlebt habe, bin ich reich entschädigt worden. Wir führen heute ein Leben, das sich mit der nassen Zeit nicht vergleichen läßt. Unsere Beziehung ist intensiver und offener geworden. Wir leben bewußter, und ich sehe wieder Sinn im Leben."

Literaturverzeichnis

Laer, Doris: „Hilfe, meine Eltern trinken", in Partner 6/85, Nicol-Verlag Kassel.

Mader, Petra: Ein Angebot an alle, die einem nahestehenden Menschen helfen wollen. Herausgeber: DHS 1985.

Neuendorff, Steffen Luis, und Schiel, Jürgen: Al Anon. Selbsthilfe für Angehörige von Alkoholkranken. Fischer Taschenbuch 3361, 1985.

Ohne Verfasserangabe: Selbsthilfegruppen im Suchtbereich in Rheinland-Pfalz. LZG Schriftenreihe Nr. 8. Herausgeber: Landeszentrale für Gesundheitserziehung in Rheinland-Pfalz e.V., 1984.

Ruthe, Reinhold: Alkohol in Ehe und Familie. Reihe „bk-information" Heft 11, Blaukreuz-Verlag Wuppertal, 1984.

Schmidt, Hans-Günther (Hrsg.): Muß der Alkohol euch scheiden? Neuland-Verlags-Gesellschaft Hamburg.

Verschiedene AA- und Al Anon-Literatur

Stichwortverzeichnis

2. Die Kinder

3. Der Alkoholiker

4. Gruppe

Weitere Bücher aus dem Programm des Blaukreuz-Verlags Wuppertal

Robert Gehring
Suchtrezept
Der Kampf eines drogenabhängigen Arztes
216 Seiten, Paperback, z. Z. DM 19,80 / sFr. 19,80

Der heute so angesehene Frauenarzt hatte die Hölle hinter sich: einen Selbstmordversuch, Drogen, Alkohol, alle Medikamente, die süchtig machen konnten, Ehe und Praxis ruiniert, für einen Schuß Kokain die für die Kinder angelegte Münzsammlung verkauft. Wie ist der Farmerssohn und Vietnamkämpfer so weit gekommen? Gibt es noch Hoffnung für einen Drogensüchtigen, dem selbst vier Entziehungskuren nicht helfen konnten?

Shanon Christian / Margaret Johnson
Auf hauchdünnem Eis
Geschichte einer Magersucht
160 Seiten, Taschenbuch, s/w-Fotos, z. Z. DM 10,95 / sFr. 10,95

Mit 19 will sie nur ein paar Pfund abnehmen – und magert innerhalb von zwei Jahren bis zum Skelett ab. Sie ist stolz auf ihre „Selbstbeherrschung" im Essen und Trinken. In Wirklichkeit gerät sie in die lebensbedrohende Spirale der Magersucht. Ihr Mann und ihre Familie können ihr nur hilflose Ratschläge geben. Schließlich wird ihr ganzes Leben zu einem haltlosen Gleiten über hauchdünnes Eis. Immer tiefer rutscht sie in innere Isolation – bis zu tödlicher Ausweglosigkeit. Doch ihr verzweifelter Schrei „Ich will nicht sterben!" bringt durch Gottes souveränes Eingreifen eine Lebenswende, die der Leser nur staunend mitverfolgen kann.

Eberhard Rieth
Alkoholkrank?
Eine Einführung in die Probleme des Alkoholismus
für Betroffene, Angehörige und Helfer
10. Auflage
172 Seiten, Paperback, Illustrationen, z. Z. DM 17,80 / sFr. 16,80

Alkoholismus – Krankheit oder moralisches Versagen? Ist Alkoholismus erblich? Können Alkoholiker geheilt werden? Haben religiöse Fragen eine Bedeutung für die Heilung des Alkoholkranken? Allgemeinverständlich werden Ursachen und Verlauf süchtigen Verhaltens aufgezeigt und Hilfen zum besseren Verständnis des Suchtkranken gegeben. Das Buch zeigt Wege zur Gesundung des Alkoholkranken und leitet Helfer und Angehörige zu neuer Partnerschaft an.

Weitere Bücher aus dem Programm des Blaukreuz-Verlags Wuppertal

Bill Blackburn
Was Sie über Selbstmord wissen sollten
Kann Suizid verhindert werden?
Praktische Ratschläge eines erfahrenen Seelsorgers.
160 Seiten, Paperback, z. Z. DM 17,80 / sFr. 17,80

Warum nehmen sich viele Menschen das Leben? Kann Suizid verhindert werden? Auf welche Anzeichen wäre zu achten? Der erfahrene Autor vermittelt Praxisansätze, um Selbstmordgefährdeten möglichst frühzeitig zu helfen. Er setzt sich auch mit verbreiteten, aber unzutreffenden Meinungen auseinander wie z. B.: Wer darüber spricht, tut's doch nicht; jeder Versuch zu helfen ist zwecklos; Selbstmord ist die Sünde, die nicht vergeben werden kann. In allgemeinverständlicher Sprache ist das Buch ein nützlicher Ratgeber für jeden, der Ratsuchenden und Gefährdeten helfen will.

Karl Lask
Der Kuß der Selene
Frauen von Alkoholabhängigen machen Mut
2. Auflage 1990
128 Seiten, Paperback, Illustrationen, z. Z. DM 16,80 / sFr. 16,80

„Was müssen Sie glücklich sein, daß Ihr Mann nicht mehr trinkt!" ist oft eine irrige Annahme. Denn trotz der Abstinenz des Partners kann es handfeste Probleme geben, die der Bearbeitung bedürfen. Die ergreifenden Berichte sind insbesondere dadurch wertvoll und hilfreich, daß sie aus persönlichem Erleben aufzeigen, wie diese Nöte überwunden werden können.

Hans Klein
Beratungsgespräche mit Angehörigen von Alkoholabhängigen
Wie Angehörige sinnvoll helfen können
2., überarbeitete und erweiterte Auflage 1990
160 Seiten, kartoniert, z. Z. DM 15,80 / sFr. 14,80

Angehörige sind oft ratlos, wie sie sich im täglichen Umgang mit ihrem alkoholabhängigen Partner verhalten sollen. Die hier dargestellten Gesprächsausschnitte wollen Rat und Hilfe bieten – allen, die Alkoholabhängigen möglichst wirksam helfen möchten. Die wesentlichen Problemfelder gehen aus den Überschriften und dem Stichwortverzeichnis hervor. Der Leser findet also gezielte Aussagen zu einer akuten Situation. Alkoholabhängigkeit muß keine Familienkatastrophe sein oder bleiben. Wir können lernen, sachgerecht damit umzugehen.